Klaus Koenen
Roman Kühschelm
ZEITENWENDE

Klaus Koenen
Roman Kühschelm

Zeitenwende

echter

Die Reihe Neue Echter Bibel – Themen wird herausgegeben von
Christoph Dohmen und Thomas Söding

Die Deutsche Bibliothek – CIP-Einheitsaufnahme

Die **Neue Echter Bibel – Themen**. – Würzburg : Echter
   Bd. 2 Koenen, Klaus : Zeitenwende. – 1999

Koenen, Klaus:
Zeitenwende : [Perspektiven des Alten und Neuen Testaments]/
Klaus Koenen, Roman Kühschelm. – Würzburg : Echter, 1999
   (Die Neue Echter Bibel – Themen ; Bd. 2)
   ISBN 3-429-02146-4

© 1999 Echter Verlag Würzburg
Umschlag: Uwe Jonath
Gesamtherstellung: Echter Würzburg
Fränkische Gesellschaftsdruckerei und Verlag GmbH
   ISBN 3-429-02146-4

Inhalt

Altes Testament

Klaus Koenen

Horst Seebass und
Werner H. Schmidt
zum 65. Geburtstag

A. Einleitung

In der Schule des Propheten Elia soll man geweissagt haben: »6000 Jahre wird die Welt bestehen, 2000 Jahre wüst und leer, 2000 Jahre der Tora und 2000 Jahre des Messias«. Bezeugt ist dieser Satz zunächst im Babylonischen Talmud, wo das Ausbleiben der messianischen Zeit mit den Sünden der Menschen erklärt werden muß (Aboda Zara 9a). Martin Luther stellt den Satz 1541 seiner Schrift zur »Berechnung der Weltenjahre« als Motto voran, und im 16. und 17. Jahrhundert erlangt er z.B. in apokalyptischen Flugschriften große Verbreitung. Man datiert das Ende der Welt ins Jahr 2000, rechnet allerdings damit, daß es wegen der Sünden der Menschen schon früher kommen kann.

Die Lehre vom sechstausendjährigen Bestand der Welt geht davon aus, daß Gott die Weltzeit auf eine Woche festgesetzt hat. Da ein Tag bei Gott tausend Jahre sind (Ps 90,4), wird die Welt 6000 Jahre alt. Am siebten Tag – im Jahr 2000 nach Christus – beginnt die Ewigkeit. Auch wenn dem Alten Testament derartige Geschichtsberechnungen fremd sind und die Erwartung des Weltendes nur ganz am Rand eine Rolle spielt, sind eschatologische Vorstellungen auch hier von zentraler Bedeutung, konkret die Erwartung einer Zeitenwende, mit der Jahwe eine eschatologische Heilzeit heraufführt.

1. Wende der Zeit – Ende der Zeit
Zu den Begriffen »Eschatologie«
und »Apokalyptik«

Der Begriff »Eschatologie«, der wörtlich »Lehre von der Endzeit« bedeutet, wird von Alttestamentlern sehr verschieden gebraucht, und je nachdem, wie er gebraucht wird, gelten fast alle oder nur sehr wenige Zukunftsaussagen des Alten Testaments als eschatologisch. In einem *weiten Sinne* meint Eschatologie alle prophetischen Ankündigungen. Der Begriff wird dann zu einem Synonym für Prophetie, damit allerdings so weit gefaßt, daß er im Grunde nichtssagend und sinnlos wird. In einem *engen Sinne* meint Eschatologie – so traditionell in der Dogmatik (vgl. 1 Kor 15,52) – die Vorstellung vom Ende der Welt und der Geschichte. Hier wird der Begriff zu einem Synonym für Apokalyptik. Diese Definition hat sich für das Alte Testament jedoch nicht bewährt, weil nach ihr nur sehr wenige Zukunftsankündigungen als eschatologisch gelten können. Durchgesetzt hat sich eine *mittlere Definition*. Nach ihr meint Eschatologie nicht die Vorstellung vom Ende der Zeit, sondern von einer Wende der Zeit hin zu einer Endzeit, die sich als *endgültige Heilszeit* innerweltlich realisiert. Man erwartet nicht das Ende, sondern die Vollendung der Schöpfung; keine andere Welt, sondern diese Welt anders; kein Ende der Zeit, sondern ein Ende des Leids in einer Zeit ohne Ende; kein Leben im Himmel, sondern den Himmel auf Erden. Die Menschen altern, aber sie werden gewiß alt und lebenssatt. Eschatologie meint also die Vorstellung von einer Heilszeit, die endgültig und innerweltlich ist.

Apokalyptik will – der Grundbedeutung des griechischen Wortes entsprechend – enthüllen, und zwar nicht nur die Zukunft, sondern den wahren Verlauf der ganzen Geschichte. Sie will aufdecken, daß hinter dem vordergründigen Verlauf ein Plan Gottes steckt, daß die Welt, die man wohl angesichts entsprechender Erfahrungen nur noch negativ sehen kann, bald ein Ende finden soll und daß danach für die Frommen eine endgültige Heilszeit beginnen wird, die man sich jedoch nur noch jenseitig vorstellen kann. Die Geschichte zerfällt somit nicht (von einer anfänglichen Heilszeit abgesehen) in Unheilszeit und eschatologische Heilszeit, sondern wird insgesamt als Unheilszeit gesehen, und ihr wird der Entwurf eines ganz anders gearteten, geradezu antithetisch konzipierten Äons gegenübergestellt. Alle Hoffnung auf eine bessere Welt ist in der Apokalyptik aufgegeben, ja man hat mit der Welt Schluß gemacht und erwartet nur noch eine Neuschöpfung Gottes jenseits der Welt. Statt der Zeitenwende erwartet man ein Zeitenende und den Beginn einer ganz anderen Zeit.

2. Zur Gegenwartsbedeutung von Zukunftsentwürfen

»Wie Kinder Märchen brauchen ..., so können Erwachsene Apokalypsen brauchen.«[1] – Die alttestamentlichen Entwürfe einer eschatologischen Heilszeit zielen nicht auf Zukunftsprognostik, sondern auf Gegenwartsbewältigung, ja sie sind im Grunde nur als Beitrag zum Umgang mit der Gegenwart zu verstehen. In ihnen realisieren sich Wünsche, und Visionen entführen in eine andere Welt. Dahinter steckt eine Gefahr, aber auch eine Chance.

Zukunftsentwürfe können zu *Verdrängung und Wirklichkeitsverlust* führen, zu einer Flucht aus der Gegenwart in die heile Zukunftswelt. Man träumt unter Umständen sogar von einem Ende mit Schrecken, das dem Schrecken ohne Ende ein Ende bereitet und eine Heilszeit ohne Ende eröffnet. Eine derartige Flucht kann den Blick für die Probleme der Gegenwart, für das praktisch Mögliche und Nötige verstellen und damit die Chance auf realistische Verbesserungen verbauen.

Zukunftsentwürfe können aber auch *Orientierung bieten*. Sie sind aus Hoffnung geboren und schenken zugleich Hoffnung. Hoffnung ist die Mutter der Eschatologie, die Eschatologie umgekehrt auch Mutter der

Hoffnung. Die Hoffnung weist einen Weg durch die Gegenwart, gibt den Menschen eine Perspektive, zeigt ihnen, in welche Richtung die konkrete Praxis schon im hic et nunc zu gehen hat, denn Hoffnung führt dem Handeln die Hand. Solche Hoffnung ist wichtig für den einzelnen und die Gruppe: für den einzelnen, da er ohne Hoffnung und Perspektive tot wäre; erst die Hoffnung gibt seinem Leben einen Sinn; für die Gruppe, da sie durch die gemeinsame Hoffnung und das gemeinsame Ziel zusammengeschweißt wird und in ihnen ihre Identität finden kann.

Zukunftsentwürfe können zudem – auch das ist für die Identität einer Gruppe wichtig – eine gegenwartskritische Funktion haben. Sie führen der Welt eine bessere Welt vor Augen, und indem sie das tun, üben sie implizit Kritik an bestehenden Verhältnissen. An dem Bild von einem künftigen Messias, der Recht und Gerechtigkeit übt, kann man sich die Defizite des gegenwärtigen Königs, das Fehlen von Recht und Gerechtigkeit, klar machen. Der Zukunftsentwurf entpuppt sich damit als ein Gegenentwurf, der als solcher ein ungeheures kritisches Potential enthält. Wo dieses Potential aktiviert wird, können Zukunftsentwürfe sogar als Widerstandsliteratur gelesen werden.

3. Zum Aufbau

Nach einer kurzen Darstellung der präsentisch-eschatologisch orientierten Jerusalemer Theologie soll den im Alten Testament aufs ganze gesehen viel wichtigeren und vor allem die Prophetie bestimmenden eschatologischen Zukunftsvorstellungen nachgegangen werden. Sie bilden kein festes Lehrsystem, ja ihnen liegt nicht einmal ein in sich geschlossenes Konzept zugrunde, und sie lassen sich auch nicht wie ein Puzzle zu einem Bild zusammenfügen. Wir haben es vielmehr mit einer Fülle von Einzelvorstellungen zu tun, die zum Teil erheblich voneinander abweichen und sich auch widersprechen. Das liegt zum einen daran, daß die Texte aus sehr verschiedenen Zeiten stammen, zum anderen daran, daß sie kein Gesamtbild malen wollen, sondern nur einzelne Bilder, die je für sich gesehen werden sollen. Hier wird nicht systematisch gedacht, sondern aspektiv und impressionistisch. Für die Darstellung legt es sich deswegen nahe, im Anschluß an einen kurzen chronologischen Durchgang nach Motiven und Themen vorzugehen. Die Systematisierung wird sich darauf beschränken, die Bilder wie in einer Galerie geordnet nebeneinanderzustellen, um ihre jeweilige Besonderheit hervortreten zu lassen.

B. Heilsgegenwart

Präsentische Eschatologie meint die Vorstellung, daß die Zeitenwende schon geschehen ist und die eschatologische Heilszeit bereits begonnen hat, zumindest in nuce angebrochen ist. Im Alten Testament liegt diese Vorstellung der Jerusalemer Tempeltheologie zugrunde, die besonders in den Psalmen bezeugt ist (z.B. Ps 46; 48). In ihrem Zentrum steht der Glaube, daß Jahwe als Königsgott auf dem Zion, dem Jerusalemer Tempelberg, wohnt und thront. Aus dieser Vorstellung werden weitere Vorstellungen abgeleitet:

1. Wenn Jahwe sowohl im Himmel als auch auf dem Zion wohnt, wenn die himmlische Sphäre folglich im Zionstempel bis auf die Erde ragt und sich dort himmlischer und irdischer Bereich berühren, dann kann man umgekehrt sagen, daß der Zionsberg in den Himmel ragt und folglich der höchste Berg ist (vgl. Ps 48,2f.). Das ist eine Aussage, die sich nicht mit einem Meßgerät verifizieren läßt – schon der gegenüberliegende Ölberg ist höher –, sondern nur als theologische Aussage zu verstehen ist. Sie will der Präsenz Gottes Ausdruck geben und ist deswegen nur im Glauben nachvollziehbar. Der Zionsberg ist sodann als die senkrechte Achse zwischen Himmel und Erde auch der Mittelpunkt und Nabel der Welt.

2. Als mächtiger, auf dem Zion thronender Königsgott bewahrt Jahwe Jerusalem – mythisch gesprochen – vor dem Brausen der Chaoswasser und – historisch gesprochen – vor dem Ansturm der Völker. Die Völker können kämpfen, wie sie wollen, Jahwe wird sie besiegen, wie er einst die Chaosmächte besiegt hat, und deswegen ist Jerusalem uneinnehmbar (vgl. Ps 46; 48,3ff.; 76,4ff.; 93).

3. Wenn Jahwe auf dem Zion wohnt, muß dieser Ort ein Ort der Fruchtbarkeit und des Lebens, der Üppigkeit und der Schönheit sein, ja man kann sogar jenseits aller topographischen Realitäten sagen, daß ein Fluß und seine Bäche die Gottesstadt erfreuen (Ps 46,5). Vom Zion aus strömt der Segen ins ganze Land und läßt es blühen.

4. Zur Rechten Jahwes thront der Davidische König. Er ist von Jahwe zum Herrscher der Welt eingesetzt (Ps 2; 72; 110). Als solcher unterwirft er alle rebellierenden Völker, bis sie ihm als dem Statthalter Jahwes und natürlich Jahwe selbst huldigen. Von dem König gehen Segenswirkungen aus, die den sozialen Frieden, soziale Gerechtigkeit und den Bestand der natürlichen Ordnungen – z.B. der Fruchtbarkeit des Landes – gewährleisten.

In der Jerusalemer Tempeltheologie stoßen wir somit auf eine in sich geschlossene Konzeption, die von der Vorstellung der Gegenwart Gottes aus zur Vorstellung von der Gegenwart des Heils gelangt ist und sich dieser Gegenwart im Kult vergewissert.

C. Verheißungen einer Zeitenwende – Die Ankündigung einer eschatologischen Heilszeit

Die Bücher der sogenannten Gerichtspropheten enthalten nicht – wie man meinen könnte – nur Gerichtsankündigungen, sondern auch Heilsworte, die verheißen, daß Jahwe aufgrund seiner Gnade eine Zeitenwende bringen und eine eschatologische Heilszeit heraufführen wird. Fraglich ist, inwiefern diese Heilsworte von den Propheten selbst stammen oder erst von späteren Redaktoren.

Der Prophet Amos wirkte um 760 v. Chr. im Nordreich, Micha einige Jahrzehnte später in Juda und Zephanja im 7. Jahrhundert ebenfalls in Juda. Diese Propheten haben jeweils nur Unheil angekündigt. Die Heilsworte, die in ihren Büchern zu finden sind, stammen wohl erst von späteren Tradenten. Für das Michabuch ist dies sogar im Alten Testament selbst bezeugt. In Jer 26,17ff. wird nämlich zur Verteidigung Jeremias darauf verwiesen, daß Micha nicht getötet worden sei, obwohl er nur Unheil verkündet habe. Gut 100 Jahre nach Micha weiß man also – sonst wäre der Verweis in Jer 26 sinnlos – noch nichts von der Heilsverkündigung, die uns heute im Michabuch vorliegt.

1. Jesaja

Der Prophet Jesaja, der im 8. Jahrhundert in Jerusalem wirkte, kündigt zunächst und vor allem ein schreckliches Gerichtshandeln Jahwes an, das sich im Ansturm der Assyrer auf Jerusalem konkretisiert. Doch nach dem Gericht soll es – hier knüpft Jesaja an die alte Jerusalemer Theologie an – eine Heilszeit geben. Für die Authentizität der Heilsworte spricht, daß Heils- und Unheilsansage zuweilen aufs engste miteinander verknüpft, ja geradezu ineinander verwoben sind. Dabei ergänzen die Heilsworte die Gegenwartskritik. Jes 11,1 kündigt einen Sproß aus dem Baumstumpf Isais an. Dabei impliziert die Rede vom Baumstumpf Isais, daß der Baumstamm Davids und damit der Stammbaum Davids abgesägt werden, d.h. die herrschende Dynastie gestürzt wird (vgl. u. S. 31f.). In Jes 28,14–18 enthält ein Gerichtswort die Verheißung, daß Jahwe auf dem Zion einen Neubau errichten wird, der auf einem kostbaren Eckstein gegründet und mit Recht und Gerechtigkeit gebaut ist (V. 16–17a). Dieser Bau – und nur er – kann die Sicherheit vermitteln, die sich die Angeklagten von dem Bündnis mit Ägypten – darauf ist der Text wohl zu beziehen – vergeblich erwarten. In dem Gerichtswort Jes 7,10–17 leuchtet mit dem Namen Immanuel, d.h. »Gott ist mit uns«, eine Heilsperspektive auf. Jesaja kann also durchaus von einer eschatologischen Heilszeit jenseits des Gerichts sprechen, hat dabei aber immer nur Jerusalem im Blick.

2. Hosea

Hosea ist ein Zeitgenosse Jesajas und wie dieser zunächst und vor allem Gerichtsprophet. Allerdings kommen die beiden aus völlig verschiedenen Welten. Jesaja lebt in Jerusalem und ist ganz von der dortigen Zionstradition geprägt. Hosea ist diese Tempeltheologie fremd. Er lebt im Nordreich und ist von den dort überlieferten Traditionen bestimmt, nämlich den Väter-, Exodus-, Wüsten- und Landnahmetraditionen, die umgekehrt bei Jesaja keine Rolle spielen.

Hosea kündigt dem Nordreich Israel in der Zeit, da die Assyrer mit mächtiger Heeresmacht aufmarschieren, den Untergang an. Seine Gerichtsbotschaft verdichtet sich in den Namen seiner Kinder, besonders in »Kein-Erbarmen« und »Nicht-mein-Volk« (1,6.9). Diese Namen sollen zeigen, daß Jahwe Israel verstoßen hat. Er wird es nach Ägypten zurückführen (9,3). Doch dann kommt die Wende! Hosea verweist auf die Liebe Gottes, die nach dem Ende einen Neuanfang setzt. Jahwe wird sich wieder erbarmen und sein Volk in einem zweiten Exodus erneut aus Ägypten holen (2,16f.; 11, 8–11). Wie Jesaja kündigt also auch Hosea eine eschatologische Heilszeit an, und dabei hat er nur Israel im Blick.

3. Jeremia

Rund 100 Jahre nach Hosea und Jesaja wirkt Jeremia. Das Nordreich ist zu seiner Zeit längst untergegangen (722 v. Chr.), das Südreich erlebt eine letzte Blüte, kann sich unter König Josia sogar ins Gebiet des ehemaligen Nordreichs ausdehnen, wird dann aber von den Babyloniern erobert (587 v. Chr.). Die Heilsworte des Jeremiabuchs richten sich zum Teil speziell an Juda, zum Teil speziell an Nordisrael, das bereits in der Situation des Gerichts lebt. In beiden Fällen ist die Echtheit der Worte umstritten. Für die Authentizität der an das Nordreich gerichteten Worte (z.B. 3,12f.; 30,18–21) spricht immerhin, daß eine nur auf den Norden bezogene Heilsverkündigung nach der Zerstörung des Südreichs angesichts der zentralen Bedeutung, die Jerusalem jetzt hat, kaum mehr denkbar ist. Wenn die Texte deswegen aus der Zeit Jeremias stammen, wird man sie dem Propheten wohl nicht absprechen können. Ob er sie allerdings – wie schon vermutet wurde – zur Zeit Josias gesprochen hat, um dessen Nordexpansion propagandistisch zu stützen, läßt sich kaum mehr sagen.

Vor allem wendet sich Jeremia jedoch an das Südreich und kündigt ihm schreckliches Unheil an. Aus dem Norden wird ein Feind kommen, alles überrennen und auch die Äcker des Landes in Besitz nehmen (6,12; 8,10). Auf die zuletzt genannte Unheilsankündigung bezieht sich in 32,6–15 eine

Zeichenhandlung, die weithin für echt gehalten wird. Die Erzählung spielt am Vorabend der Eroberung Jerusalems, also in einer Situation, in der das babylonische Heer die Felder um Jerusalem bereits besetzt hat. Wie von Jahwe angekündigt, wird Jeremia in Jerusalem von seinem Vetter aus dem heimatlichen Anatot aufgesucht und als nächster Verwandter gebeten, seinen Acker zu kaufen. Die Spitze der Erzählung liegt darin, daß Jeremia in der Situation der Belagerung, also in einer Situation größter Ungewißheit, einen Acker kaufen soll, von dem er nach menschlichem Ermessen nicht weiß, ob er ihn je sehen wird. Doch der Prophet kauft den Acker und verweist damit darauf, daß es wieder eine Zukunft geben wird, in der die Äcker nicht mehr in Feindeshand sein werden, sondern man sie wieder kaufen und verkaufen kann. Jeremia kündigt also auch Heil an. Dieses Heil wird von ihm allerdings nicht in überschwenglichen Farben ausgemalt, sondern gestaltet sich eher nüchtern als Aufbau von Ruinen.

4. Ezechiel

Ezechiel, ein jüngerer Zeitgenosse Jeremias, wurde bei der ersten Eroberung Jerusalems 597 v. Chr. nach Mesopotamien verschleppt. Im Zentrum seiner Verkündigung steht zunächst das Gericht: Die Bewohner Jerusalems werden wie unnützes Rebholz verbrannt werden (15,1ff.). Doch nach dem Fall Jerusalems 587 v. Chr. hat Ezechiel – wenn man der Darstellung des Buches glauben darf – von seinem Exilsort aus Heil verheißen. In 37,1–14 stoßen wir auf eine Vision, die mit ihrer Ankündigung des Exilsendes (V. 12) aus exilischer Zeit stammen dürfte und damit wohl auf den Propheten selbst zurückgeht. Ezechiel sieht hier ein Tal mit ausgedörrten Gebeinen. Doch dann rücken die Knochen zusammen, Sehnen verbinden sie, Fleisch und Haut wachsen darüber, und zuletzt wird den Leibern der Atem eingeblasen. Mit dieser Vision nimmt Ezechiel die Klage Israels »Unsere Gebeine verdorren!« (V. 11) auf und stellt ihr eine Heilsankündigung entgegen, die das Bildwort der Klage zu einem Gegenbild ausmalt. Es gibt ein Leben nach dem Gericht, und Israel soll wieder leben. Der Text handelt also nicht von der Auferstehung der Toten (so erst der Zusatz V. 9; s.u.S. 53), sondern von der Wiederbelebung Israels als Volk und – wie die Fortsetzung 37,15ff. zeigt (s.u.S. 26f.) – auch als Staat.

5. Deuterojesaja

Der zweite große Prophet des Exils ist ein Anonymus, dessen Schrift in vielfach überarbeiteter Form in Jes 40–55 überliefert ist und dem die Wissenschaft den Kunstnamen Deuterojesaja (»Zweiter Jesaja«) gegeben hat. Er ist der erste Schriftprophet, der nicht in erster Linie Gericht angekündigt hat. Sein Wirken beginnt erst nach dem Fall Jerusalems, und in dieser Situation erreichen die Heilsschilderungen bei ihm eine neue Qualität. Sie beschränken sich nicht mehr auf vorsichtige Andeutungen, sondern der Prophet entwickelt ein geschlossenes Konzept von der im Anbruch begriffenen Heilszeit. Er kündigt den Exulanten das unmittelbar bevorstehende Ende ihrer Gefangenschaft an. Jahwe wird den Perserkönig Kyros erwecken, um Babylon einzunehmen, die Israeliten zu befreien und in ihre Heimat zu entlassen. Von Jahwe angeführt, werden sie über eine wunderbare Straße ziehen, für die Berge und Täler eingeebnet und Wüsten zu paradiesischen Landschaften mit üppigen Wasserläufen und Schatten spendenden Bäumen verwandelt werden. Ziel der Reise ist Jerusalem, das Jahwe in neuer Pracht erstrahlen lassen wird. Das Heilsgeschehen gipfelt schließlich in der Einbeziehung der Völker, die an Jahwes wunderbaren Taten erkennen, daß nur er wirklich Gott ist, und sich deswegen zu ihm bekehren (vgl.u.S. 40f.).

6. Tritojesaja

Als Tritojesaja (»Dritter Jesaja«) bezeichnet man den Jerusalemer Propheten, auf den der Grundbestand von Jes 56–66 zurückgeht. Er ist ein Schüler Deuterojesajas und gibt in der frühnachexilischen Zeit (um 520 v. Chr.) auf die in den damaligen Nöten drängende Frage, wann das angekündigte Heil endlich komme, die Antwort: Die Heilszeit wird gewiß kommen, aber erst wenn das Volk sein Verhalten ändert, vor allem die Oberschicht aufhört, ihre Volksgenossen politisch und wirtschaftlich zu unterdrücken (58,3ff.). Tritojesaja klagt an, doch die Anklage soll anders als bei den vorexilischen Propheten nicht künftiges Unheil erklären, sondern gegenwärtiges. Die Heilszusage ist seinem ethischen Anliegen entsprechend anders als bei Deuterojesaja keine unbedingte, sondern eine bedingte. Die Heilszeit malt Tritojesaja dem in Trümmern hausenden Volk als eine Zeit aus, in der alle materiellen Bedürfnisse erfüllt sein werden. Man wird Jerusalem wiederaufbauen (58,12 u.ö.) und bevölkern (62,12; 66,7–9), die Stadt wird zu Reichtum kommen und wie ein paradiesischer Garten blühen (58, 11). Dann wird man genug zu essen haben (58,11), und die Völker werden nicht mehr als Feinde das Land ausrauben (62,8f.; 65, 21–23), sondern im Gegenteil ihre Schätze nach Jerusalem bringen (60,1ff.).

7. Haggai

Haggai ist ein Gegner Tritojesajas. Er spricht in die gleiche Situation und antwortet auf die gleiche, ungeduldige Frage. Den Grund für das Ausbleiben des Heils sieht er jedoch nicht in ethischen Mißständen, sondern darin, daß man den Tempel noch nicht erbaut hat. Für Tritojesaja ist dieser Tempel höchst überflüssig (66,1f.), für Haggai, der hier den Bahnen traditioneller Theologie folgt, ist er dagegen die Quelle allen Wohls und Heils und sein Wiederaufbau deswegen eine unbedingte Voraussetzung für den Beginn der Heilszeit (1,4ff.).

8. Sacharja

Die Botschaft Sacharjas ist von den Überlieferern schon früh an die Haggais angeglichen worden, zeigt in einem Zyklus von sieben Visionen aber durchaus noch ihr eigenes Profil. Wie Haggai ruft Sacharja in frühnachexilischer Zeit zum Bau des Tempels auf, allerdings nicht *damit* das Heil kommt, sondern *weil* Jahwe das Kommen des Heils angekündigt hat. Sacharja formuliert nicht Voraussetzungen, sondern entwirft ein Bild vom künftigen Jerusalem. Jahwe und die Israeliten werden zurückkehren, die Völker werden zerschlagen, die Stadt wird wiederaufgebaut, bedarf aber keiner Stadtmauer mehr, da Jahwe selbst sie schützen wird (vgl. u. S. 27). Ihre zahlreichen Einwohner werden ein sorgenfreies Leben führen. Als Herrscher erwartet Sacharja in einer neuartigen Konzeption zwei »Messiasgestalten«, einen königlichen und einen priesterlichen (vgl. u. S. 34).

9. Die Redaktoren der Prophetenbücher

Die Prophetenbücher sind das Ergebnis eines langen Prozesses von buchinternen und bücherübergreifenden Fortschreibungen. Die Tradenten der Prophetenworte hatten kein Interesse daran, diese Worte möglichst originalgetreu zu archivieren, sondern wollten deren je neue Relevanz und Aktualität herausstellen. Deswegen haben sie sie immer wieder überarbeitet und zum Teil erheblich erweitert. Dabei liegt ihnen in nachexilischer Zeit vor allem daran, der von materiellen und politischen Nöten geplagten jüdischen Gemeinde die lebenswichtige Hoffnung auf eine bessere Zukunft zu vermitteln. Sie bearbeiten deswegen die gesamte prophetische Überlieferung – sogar die der Gerichtspropheten – dahingehend, daß die Propheten letztlich eine eschatologische Heilszeit ankündigen. Im einzelnen sind drei Punkte zu nennen:

1. Die Redaktoren fügen den Prophetenbüchern Heilsworte zu. Dabei ist für sie die Jerusalemer Tradition von zentraler Bedeutung. Deren gegenwartsbezogene Heilsaussagen werden aufgenommen und zu Zukunftsaussagen transformiert.

2. Die Redaktoren strukturieren die Prophetenbücher nach dem sogenannten eschatologischen Schema, nach dem den Gerichtsworten Heilsworte folgen. Dieser Aufbau führt den Leser – ganz ähnlich wie Psalmen mit sogenanntem Stimmungsumschwung (z.B. Ps 7; 22) – einen Weg vom Unheil zum Heil und eröffnet ihm damit eine heilvolle Perspektive. Gott will nicht den Tod, sondern das Leben, und deswegen endet die Geschichte nicht im Untergang, sondern in einer Heilszeit.

3. Die Redaktoren greifen die aus Weisheit und Kult geläufige, von den Propheten jedoch kaum gemachte (vgl. Ez 21,8f.) Unterscheidung von Gerechten und Sündern auf, um die prophetischen Gerichtsworte auf die Sünder zu beziehen und damit den Gerechten eine Heilsperspektive aufzuzeigen

(vgl. u. S. 50f.). Im einzelnen gehen sie dabei zwei Wege: Erstens führen sie die Vorstellung von einem eschatologischen Läuterungsgericht ein, das alle Sünder vernichtet, den Gerechten genau damit aber eine Heilszeit eröffnet (vgl. u. S. 23).[2] Das Gericht dient jetzt der Durchsetzung der eschatologischen Heilszeit, und Jahwe erscheint nicht mehr als ein vernichtender Gott des Gerichts, sondern als ein Gott, der auch und gerade in seinem Gerichtshandeln das Heil im Blick hat. Daneben führen sie zweitens die Vorstellung ein, daß Unheil und Heil nicht als zwei Epochen aufeinander folgen, sondern Sünder und Gerechte in ihrem jeweiligen Leben treffen. So sagt der Schlußvers des Hoseabuchs (14,10) in weisheitlich allgemeinem Stil, daß die Sünder straucheln, die Gerechten aber aufrecht gehen. Damit erhält das Buch einen hermeneutischen Schlüssel, der seinen Heils- und Unheilsankündigungen einen neuen Bezug gibt. Es lehrt jetzt, daß Jahwe die Sünder vernichtet, den Gerechten jedoch eine heilvolle Zukunft schenkt.[3]

10. Texte außerhalb der Prophetenbücher

Die Ankündigung einer Heilszeit ist in den nachexilischen Nöten von so großer Bedeutung gewesen, daß sie auch außerhalb der Prophetenbücher beachtliche Spuren hinterlassen hat. In Dtn 32 wird dem sterbenden Mose ein Überblick über die Geschichte Israels in den Mund gelegt, der in der Ankündigung einer eschatologischen Heilszeit gipfelt. In Tob 14,3–8 wird dem sterbenden Tobit eine Geschichtsschau mit vergleichbarer Heilsperspektive in den Mund gelegt. Psalmenkompositionen und auch der Psalter als ganzer sind von nachexilischen Redaktoren so angelegt worden, daß sie einen Bogen von der Klage zum Gotteslob aufzeigen und dem Beter damit eine Heilsperspektive eröffnen, die das Gewicht einer Heilsankündigung hat (vgl. u. S. 23).

11. Das Danielbuch

Lange nach der Zeit der Propheten entstand zwischen 167 und 164 v. Chr. das Danielbuch, das mit seiner umfassenden Schau der Geschichte etwas durchaus Neues bietet. In Dan 2 sieht Nebukadnezar im Traum eine Statue. Der Kopf ist aus Gold, der Oberkörper aus Silber, der Unterkörper aus Bronze, und die Beine sind aus Eisen, in den Füßen mit Ton vermischt. Ohne Zutun von Menschenhand kommt plötzlich ein Stein geflogen, zerschlägt die viergliedrige Statue und wird zu einem großen Felsen, der die ganze Erde erfüllt (2,31–35). Dieser Traum zeigt die Weltgeschichte mit der Abfolge der Babylonier, Meder, Perser und Diadochen. Im Stein erscheint dann das Reich Gottes, das alles Bisherige zerstört und eine ewige Herrschaft aufrichtet (2,36–45). Dan 2 schildert somit – wie Dan 7 in anderen Bildern – eine Folge von vier Reichen, die von einer eschatologischen Heilsherrschaft abgelöst werden. Apokalyptisch treten hier zwei Äonen auseinander. Die gesamte Weltzeit wird als eine Unheilszeit gesehen, die ihre Klimax in der Gegenwart erreicht. Die ersehnte Heilszeit, die Königsherrschaft Gottes, wird anders als in der Prophetie nicht mehr als gute Welt verstanden, sondern als etwas ganz anderes, das mit der Welt nichts mehr zu tun hat.

12. Zusammenfassung

Die Gerichtspropheten der vorexilischen Zeit haben zum Teil mehr oder weniger zaghaft auch eine eschatologische Heilszeit angekündigt. Für die Propheten der exilisch-nachexilischen Zeit rückt die Verheißung einer Heilszeit angesichts schrecklicher Unheilserfahrungen ganz ins Zentrum. Im Zuge dieser Entwicklung sind auch die Bücher der Gerichtspropheten so bearbeitet worden, daß sie jetzt letztlich eine eschatologische Heilszeit ankündigen.

Die Verheißungen der vorexilischen Propheten beschränken sich auf die Ankündigung besserer Lebensverhältnisse in Palästina, ohne das Maß des Realisierbaren wesentlich zu überschreiten. Erst in der Exilszeit wird der Horizont weiter gesteckt, so weit, daß die Heilszeit bei Deuterojesaja als ein wunderbares Geschehen mit universalistischen Dimensionen ausgemalt wird. Das Heil betrifft jetzt nicht nur Israel, sondern die ganze Welt. In der nachexilischen Zeit wird die Verherrlichung Jerusalems das zentrale Thema der Heilsschilderung. Die Heilszeit wird immer wieder mit kräftigen Farben ausgemalt, ehe die Grenzen der Immanenz im Danielbuch schließlich völlig abgetan werden und die Heilszeit als neuer Äon jenseits der Weltgeschichte dargestellt wird.

D. Verheißungen einer Zeitwende – Vorstellungen von der eschatologischen Heilszeit

Das Alte Testament entwickelt von der eschatologischen Heilszeit kein in sich geschlossenes Bild, sondern nur eine Fülle divergierender, oft einander sogar widersprechender Vorstellungen, die allerdings darin übereinstimmen, daß es Jahwe ist, der die Heilszeit als eine Zeit der Freude und des Jubels (vgl. z.B. Jer 31,13), als eine Zeit frei von Leid und Not heraufführt.

1. Die Präsenz Jahwes und seine Königsherrschaft

Notzeiten werden im Alten Testament oft mit der Abwesenheit Jahwes erklärt. »Mein Gott, mein Gott, warum hast du mich verlassen?« klagt der Beter von Ps 22, und Ezechiel sieht ganz plastisch, wie die Herrlichkeit Jahwes den Tempel verläßt (Ez 10). Der Abwesenheitsklage entspricht die göttliche Zusage der Anwesenheit: »Fürchte dich nicht, denn ich bin mit dir!«[4] Diese Zusage von Gottes Mitsein ist die fundamentalste aller Zusagen, denn nur wo Gott präsent ist, ist Heil möglich. In der Genesis wird das Mitsein Jahwes den Vätern verheißen und in ihnen – zum Teil durchaus mit eschatologischer Perspektive – auch Israel. Die prophetische Überlieferung verkündet immer wieder, daß Jahwe erneut in der Mitte Jerusalems wohnen wird,[5] ja Ezechiel sieht wieder ganz plastisch, wie die Herrlichkeit Jahwes in den Tempel zurückkehrt (Kap. 43). Mit der Präsenz Gottes kann die eschatologische Heilszeit beginnen, und dementsprechend erhält das neue Jerusalem im Schlußvers des Ezechielbuches den Namen »Jahwe ist dort«. Eine Präzisierung erfährt der Präsenzgedanke in der Vorstellung von der Königsherrschaft Gottes, denn hier erscheint der Präsente als der Allmächtige. Im Rahmen der Jerusalemer Tempeltheologie wurde Jahwe als der auf dem Zion thronende Königsgott verehrt, nationalistisch als König Israels, individualistisch als König des einzelnen Beters und universalistisch als König der Götter, der Völker und der Welt. Deuterojesaja hat diese Vorstellung aufgenommen, aber eschatologisiert. Das Reich Gottes – Jahwes Königsherrschaft über Israel und auch über die Völker – ist für ihn nicht Gegenwart, sondern Zukunft, allerdings im Anbruch begriffene Zukunft. In Jes 52,7–10 sieht er visionär die Rückkehr Jahwes nach Jerusalem.

7 Wie willkommen sind auf den Bergen die Schritte des Freudenboten,
   der Frieden ankündigt, der eine frohe Botschaft bringt und Rettung verheißt,
   der zu Zion sagt:
   »Dein Gott ist König.«
8 Horch, deine Wächter erheben die Stimme,
   sie beginnen alle zu jubeln,
   denn sie sehen mit eigenen Augen, wie Jahwe nach Zion zurückkehrt.

9   »Brecht in Jubel aus, jauchzt alle zusammen, ihr Trümmer Jerusalems!
      Denn Jahwe tröstet sein Volk, er erlöst Jerusalem.
10   Jahwe macht seinen heiligen Arm frei vor den Augen aller Völker.
      Alle Enden der Erde sehen das Heil unseres Gottes.«

Der Text führt uns eine lebendige Szene an einem Stadttor Jerusalems vor
Augen. Im ersten Abschnitt, V. 7, trifft ein Bote mit einer frohen Kunde (die
Septuaginta übersetzt mit »Evangelium«) in Jerusalem ein und verkündet
der Stadt Frieden. Das Wichtigste wird in direkter Rede zitiert: »Zions Gott
ist König!« Jahwe setzt seine Königsherrschaft durch, und damit kann die
Heilszeit beginnen. Im zweiten Abschnitt, V. 8–10, schwenkt der Blick von
dem ankommenden Boten auf die Wächter. Sie brechen in Jubel aus, weil sie
die Rückkehr des Königsgottes Jahwe sehen. Der Abschnitt gipfelt wie der
erste in einem Zitat. Die Wächter rufen die Ruinen Jerusalems zum Jubel
auf. Jahwe hat Israel gerettet, und das vor den Augen der Völker. Deuterojesaja kündigt hier mit der Rückkehr Jahwes als König das Ereignis an, das
den Anfang des Eschatons markiert. Mit dem Advent Gottes und dem
Kommen seines Reiches soll eine nie mehr endende universale Heilszeit
beginnen.
Ganz von Deuterojesaja geprägt ist eine Heilsankündigung des Micha-
buchs. In Mi 2,13 sieht ein nachexilischer Redaktor Jahwe zunächst als
einen Gefängnisausbrecher – ein kühnes Bild! –, der einen Weg durch die
Mauern Babylons bahnt, um Israel in die Freiheit zu führen. Doch dann
wechselt das Bild. Jahwe erscheint als König, der den Zug der Israeliten
nach Jerusalem anführt. Eine sachliche Fortsetzung bildet in Mi 4,7 die Verheißung, daß Jahwe vom Zion aus in Ewigkeit als König herrschen wird.
Diese Erwartung verdichtet sich in der Benennung des neuen Jerusalem als
»Thron Jahwes« (Jer 3,17).
Während Deuterojesaja die Vorstellung von der Königsherrschaft Jahwes
mit dem Ende der babylonischen Gefangenschaft und der Verherrlichung
Jerusalems verbindet, stellen andere Texte sie mit Gerichtsvorstellungen zu-
sammen. Als König schreitet Jahwe zum Gericht, um alle Übeltäter zu ver-
nichten. Nach Ez 20,33f. erweist er seine Königsherrschaft nicht nur in der
Herausführung aus dem Exil, sondern auch und vor allem in der Durchführung eines Läuterungsgerichts. Auf dem Weg durch die Wüste sollen die
Sünder ausgesondert werden, und nur die Gerechten sollen in die Heimat
zurückkehren dürfen (vgl. u. S. 25f.).
Auch die Komposition Ps 90–101, in der eine ganze Reihe von Psalmen
Jahwes Königsherrschaft besingen, kündigt Gottes Einschreiten zum Gericht an. Ps 96 und 98 verheißen: Jahwe wird kommen, um über die Erde zu
herrschen und sie zu richten. Ps 97 expliziert diese Ankündigung. Jahwe
wird mit Feuer und Blitzen erscheinen, zwischen Gerechten und Frevlern
scheiden und die Frevler vernichten. Die Ausrottung aller Übeltäter, die von
den Gerechten mit Jubel gefeiert wird, gehört zur gerechten Weltherrschaft
des Königsgottes.
Nach Ez 20 und der Psalmen-Komposition vernichtet Jahwe als König eine

innerisraelitische Gruppe, nach Sach 14,8–12 dagegen feindliche Völker. Seine Königsherrschaft betrifft die ganze Erde. Von Jerusalem werden Flüsse mit lebenspendendem Wasser ausgehen, das Judäische Bergland wird zu einer großen Ebene, aus der nur Jerusalem emporragt, und die Menschen werden dort in Frieden und Sicherheit wohnen (vgl. Zeph 3,15). Alle Völker aber, die einst gegen Jerusalem zu Felde gezogen sind, wird Jahwe mit grausamen Plagen schlagen, so daß ihnen die Zunge in ihrem Mund und die Augen in ihren Höhlen verfaulen.

Aus der Völkervernichtung wird später eine Weltvernichtung. Jes 24, ein von apokalyptischen Gedanken geprägter, später Text des Jesajabuches, bezieht die älteren Unheilsankündigungen von Kap. 13–23, die ursprünglich einzelnen Völkern galten, auf ein endzeitliches Weltgericht. Die Welt und die Völker werden untergehen, und Jahwe wird seine Königsherrschaft aufrichten. Diese Königsherrschaft wird hier wie im Danielbuch nicht mehr als eine bessere Welt gedacht, sondern als das Ende der Welt und ein ganz anders gearteter Äon.

Zusammenfassung: Da Gottes Gegenwart die Voraussetzung allen Heils darstellt, ist die Verheißung seiner Präsenz die fundamentalste aller Verheißungen. Wo die Gegenwart speziell als Gegenwart des Königsgottes verkündet wird, soll die Macht des rettenden Gottes hervorgehoben werden. In der Rede von der Präsenz Jahwes artikuliert sich also der Heilswille Gottes, in der Rede von der Königsherrschaft darüber hinaus seine Heilsmacht. Diese Macht ist häufig die Macht des richtenden Gottes, der alle vernichtet, die den eschatologischen Heilszustand stören, seien es feindliche Völker oder innerisraelitische Frevler. Damit erweist sich der richtende Gott auch und gerade in seinem richtenden Handeln letztlich als rettender Gott.

2. Der neue Exodus

Die Erfahrung des babylonischen Exils und der Zerstreuung unter die Völker war für Israel ein einschneidendes, schreckliches Erlebnis. So darf es nicht verwundern, daß der Wunsch nach Rückkehr aus dem Exil und nach Sammlung der Zerstreuten in exilisch-nachexilischer Zeit einen ganz zentralen Stellenwert erhielt und Visionen von einer kommenden Heilszeit immer wieder die Erfüllung dieses Wunsches ankündigen. Daß dabei die Exodustradition mit ihrer Überlieferung von der Befreiung aus der ägyptischen Gefangenschaft aufgenommen wurde, legte sich nahe, ja man muß umgekehrt auch damit rechnen, daß die Exodustradition jetzt so gestaltet wurde, daß sie im Blick auf die babylonische Gefangenschaft gelesen werden konnte und man in ihr eine Vorabschattung der ersehnten Befreiung aus dieser Gefangenschaft sah.

Die Ankündigung eines neues Exodus findet sich vorexilisch schon bei Hosea. Er sagt Israel zunächst den Verlust des Landes und die Verschleppung nach Ägypten bzw. Assyrien an (9,3). Doch dem Gericht soll dann aufgrund der Liebe Gottes eine neue Heilszeit folgen. In einem zweiten Exodus wird Israel aus Ägypten und Assur aufbrechen und erneut das Land erhalten (2,16f.; 11,11). Der Exodus wird hier als die Tat Gottes gesehen, mit der die Heilszeit beginnt.

Die Ankündigung eines neuen Exodus, die bei Hosea zum ersten Mal aufleuchtet, dann aber über fast 200 Jahre aus den biblischen Schriften verschwindet, gewinnt in der Exilszeit zentrale Bedeutung. Deuterojesaja verkündigt den gefangenen Israeliten vor allem die Befreiung aus dem Exil und die Rückkehr nach Jerusalem.

16 So spricht Jahwe,
    der einen Weg durchs Meer bahnt, einen Pfad durch das gewaltige Wasser,
17 der Wagen und Rosse ausziehen läßt, zusammen mit einem mächtigen Heer;
    doch sie liegen am Boden und stehen nicht mehr auf,
    sie sind erloschen und verglüht wie ein Docht.
18 »Denkt nicht mehr an das, was früher war;
    auf das, was vergangen ist, sollt ihr nicht achten.
19 Seht her, nun mache ich etwas Neues.
    Schon kommt es zum Vorschein, merkt ihr es nicht?
    Ja, ich bahne einen Weg durch die Steppe und Straßen durch die Wüste.
20 Die wilden Tiere werden mich preisen, die Schakale und Strauße,
    denn ich lasse in der Steppe Wasser fließen und Ströme in der Wüste,
    um mein Volk, mein erwähltes, zu tränken.
21 Das Volk, das ich mir erschaffen habe, wird meinen Ruhm verkünden.«

                                                                    Jes 43,16–21

Die ausgedehnte Botenformel, V. 16–17, blickt zurück auf den Auszug aus Ägypten. Damals hat Jahwe Israel einen Weg durch das Meer gebahnt und das ägyptische Heer vernichtend geschlagen. Doch genau das soll man jetzt vergessen (V. 18), da ein neuer, viel wunderbarerer Exodus unmittelbar bevorsteht (V. 19–21). Der neue Exodus wird von Deuterojesaja immer wieder in leuchtenden Farben beschrieben. Da wird den Israeliten eine Straße durch Berge und über Täler geebnet werden. Auf der werden sie, von Jahwe geleitet, ziehen, ja er wird – wie einst die Wolkensäule – ihre schützende Vor- und Nachhut bilden. Rechts und links dieser Straße wird es reichlich Wasser geben und Schatten spendende Bäume. Israel wird also durch eine paradiesische Landschaft ziehen, allerdings nicht in Eile wie damals beim ersten Exodus, sondern in friedlicher Ruhe mit Hymnen auf den Lippen, und auch die wilden Tiere werden Jahwe angesichts dieser Wunder ehren.[6] Ganz anders – weit weniger herrlich – wird der neue Exodus in Ez 20,32–38 geschildert. Jahwe verheißt dem klagenden Volk, es aus der Fremde zurückzuführen, doch der Zug durch die Wüste wird hier nicht wie bei Deuterojesaja als eine prachtvolle Reise gepriesen – kein Wort von großen Zeichen und Wundern –, sondern im Zentrum der Reise steht ein großes Läuterungsgericht. Wie Jahwe seinerzeit mit der Wüstengeneration des Ägyptenauszugs ins Gericht gegangen ist, so wird er es auch mit der Generation des neuen Auszugs tun, denn damals wie heute sollen die Sünder das Land nicht betreten. Anders als damals wird jetzt jedoch nicht eine ganze Generation umkommen, sondern es wird eine Sichtung der einzelnen Israeliten geben, um die Sünder herauszufiltern und ihnen den Zutritt zum Land zu verweigern. Nur die Frommen sollen das Land erhalten. Am neuen Exodus haben also alle Exulanten Teil, an der Landgabe dagegen nur die Gerechten unter ihnen.

Neben den Verheißungen, die einen zweiten Exodus als Befreiung aus der babylonischen Gefangenschaft ankündigen, stehen schon bei Deuterojesaja Texte, die die Sammlung der Israeliten von allen Enden der Erde verheißen und damit einen viel weiteren Kreis in den Blick nehmen. So kündigt beispielsweise Jes 43, 5–7 an, daß die Völker die Israeliten und Israelitinnen der Diaspora im Auftrag Jahwes von den Enden der Erde herbeitragen werden. Diese Verheißung der Sammlung der Zerstreuten hat in nachexilischer Zeit große Bedeutung erlangt und ist deswegen von den Tradenten der Prophetenbücher an vielen Stellen in die prophetische Überlieferung eingearbeitet worden. Die Zusätze malen den Exodus allerdings nie so plastisch aus, wie es einst Deuterojesaja getan hat, sondern beschränken sich im wesentlichen darauf, die Sammlung der Zerstreuten aus aller Welt in kurzen Hinweisen anzukündigen.[7]

Zusammenfassung: In exilisch-nachexilischer Zeit wird die Überlieferung vom Auszug aus Ägypten immer wieder aufgenommen, um Israel ein Ende des Exils und einen neuen Exodus anzukündigen. Mit der Rückführung in die Heimat soll eine eschatologische Heilszeit beginnen. Diese Erwartung zeigt, daß der Besitz des Landes und das Leben im Land für Israel von zentraler Bedeutung sind. Allerdings gibt es auch eine ganz andere Richtung. In den Büchern Ester und Daniel hofft man nämlich nicht auf einen neuen Exodus und das Ende des Exils, sondern auf ein heilvolles Leben in der Fremde. Gottesfurcht und Gesetzesobservanz treten hier als Werte gegenüber dem Wunsch nach Rückkehr in den Vordergrund.

3. Die Wiedervereinigung Israels

Nach der Herrschaft Salomos zerfiel Israel in zwei Staatsgebiete. Eine eschatologische Verheißung, die zwar nicht oft begegnet, aber erwähnenswert scheint, ist die von der Wiedervereinigung der beiden über Jahrhunderte getrennten und oft verfeindeten Brudervölker. In Hos 2,2 verheißt ein Zusatz aus exilisch-nachexilischer Zeit, daß sich die Israeliten wieder ein einziges Haupt geben werden. Bemerkenswert ist, daß hier – wohl in Abgrenzung von messianischen Erwartungen – nicht von einem König die Rede ist, sondern von einem »Haupt«, und daß der neue Herrscher nicht von Gott eingesetzt wird, sondern von dem wiedervereinigten Volk. In Ez 37,15ff.[8] wird die Verheißung der Wiedervereinigung durch eine Zeichenhandlung des Propheten sehr plastisch. Ezechiel erhält von Jahwe den Auftrag, zwei Hölzer zu nehmen, eines mit »Juda« für das Südreich und eines mit »Joseph« für das Nordreich zu beschriften und beide in seiner Hand zu vereinen. Zu dieser Handlung soll er verkünden, daß Jahwe die Israeliten aus den Völkern sammeln und in Israel zu einem einzigen Volk machen wird, das ein gemeinsamer König – bei Ezechiel ist es ein Davidide – regieren soll. Zur Vision von der eschatologischen Zukunft kann also die Aufhebung der Teilung Israels gehören und damit eine konkrete politische Erwartung.

4. Das neue Jerusalem

»Juda bleibt für immer bewohnt, und Jerusalem besteht von Geschlecht zu Geschlecht.« (Joël 4,20). Für die Zeit nach der Rückkehr aus der Diaspora träumt Israel von einer eschatologischen Heilszeit in der Heimat, und diese Heilszeit wird im Alten Testament in immer neuen Anläufen ausgemalt. Im Zentrum des Bildes steht dabei der Wiederaufbau der Stadt und das glückliche Leben ihrer Bewohner sowie die Fruchtbarkeit des ganzen Landes.

1. Das neue Jerusalem ist eine herrliche Stadt. Jes 54,11ff. führt die Pracht in überschwenglicher Weise vor Augen. Jahwe, hier als Baumeister gesehen, wird die Mauern und Tore der jetzt noch von Zerstörung gezeichneten Stadt mit Saphiren und Rubinen ausstatten und den Arbeitern persönlich erklären, was sie zu tun haben. Jer 31,38–40 beschreibt den Verlauf der neuen Stadtmauer. Jerusalem wird hier – verglichen mit den tatsächlichen Verhältnissen der nachexilischen Zeit – zu einer riesigen Stadt gemacht.

2. Das neue Jerusalem ist eine im wahrsten Sinne des Wortes behütete Stadt. Sach 2,8f. entwirft vom eschatologischen Jerusalem ein ganz anderes Bild als Jes 54. Hier wird nämlich verheißen, daß das eschatologische Jerusalem keine Stadtmauer mehr braucht, da Gott selbst eine feurige Mauer um es bilden wird. Ganz ähnlich kündigt Jes 4,5f. der Stadt in Aufnahme der Exodustradition ein mächtiges Schutzdach an. Die Herrlichkeit Jahwes wird nämlich bei Tag als Wolke und bei Nacht als Feuersäule ein Dach bilden, das vor Hitze und gleichermaßen vor Gewitter und Regen schützt.

3. Das Leben im neuen Jerusalem ist von Freude und Wohlstand geprägt. Jes 65,16b–24 kündigt einen neuen Himmel und eine neue Erde an. Diese Verheißung klingt auf den ersten Blick gewaltig, doch bei genauerem Hinsehen entpuppt sie sich als relativ bescheiden, denn es geht hier keineswegs um eine kosmische Neuschöpfung, sondern um die Erneuerung Jerusalems. Das zeigt die Struktur des Textes.

Ja, vergessen sind die früheren Nöte,
ja, sie sind meinen Augen entschwunden.
17   Denn, siehe, ich erschaffe einen neuen Himmel und eine neue Erde.
Man wird nicht mehr an das Frühere denken,
es kommt niemandem mehr in den Sinn.
18 Nein, ihr sollt euch ohne Ende freuen
und jubeln über das, was ich erschaffe.
Denn, siehe, ich erschaffe aus Jerusalem Jubel und aus seinen Einwohnern Freude.
19 Ich will über Jerusalem jubeln
und mich freuen über mein Volk.

In der ersten Strophe, V. 16b–17, entsprechen sich das erste und letzte Zeilenpaar. Jahwe und die Bevölkerung Jerusalems werden die früheren Nöte vergessen. Zwischen beiden Zeilenpaaren steht ganz zentral die Verheißung einer neuen Schöpfung. Der Sinn dieser Verheißung wird von der zweiten Strophe her deutlich, die der ersten im Aufbau gleicht. Auch hier entsprechen sich das erste und letzte Zeilenpaar. Jahwe und die Bevölkerung Jerusalems werden die künftige Heilszeit bejubeln. Blickt die erste Strophe zurück, so die zweite nach vorne. Im Zentrum der zweiten Strophe steht wie in der ersten die Verheißung einer neuen Schöpfung: »Denn, siehe, ich erschaffe ...«. Die beiden zentralen Ankündigungen sind also parallel formuliert und stehen in parallel aufgebauten Strophen. Das legt es nahe, sie auch inhaltlich als Parallelaussagen zu verstehen. Dann aber ist mit der Erschaffung eines neuen Himmels und einer neuen Erde kein kosmisch dimensionierter Schöpfungsakt gemeint, sondern wir haben es hier mit einem poetisch-hyperbolischen Ausdruck zu tun, der der Sache nach die Erschaffung eines neuen Jerusalem verheißt.

Wie sehr der Text irdische Verhältnisse im Blick hat, zeigt die Fortsetzung V. 20–24, die die beiden voranstehenden Strophen expliziert. In V. 22 werden Vergeblichkeitsflüche, die nach dem Schema »Ihr werdet arbeiten, aber ein anderer wird davon profitieren!« formuliert sind und in Gerichtsankündigungen einen festen Topos bilden,[9] aufgenommen und aufgehoben. Den Bewohnern Jerusalems wird zugesagt, daß die schreckliche Zeit, in der man Häuser baute, aber andere sie bezogen, und man Felder bestellte, aber andere die Früchte genossen, endgültig vorbei sein wird.[10] In diesen Aufhebungen von Vergeblichkeitsflüchen wird im Grunde nicht mehr verheißen, als daß sich Arbeit wieder auszahlt. Damit wird hier keine außergewöhnliche Heilszeit angekündigt, sondern nur, daß wieder Verhältnisse herrschen werden, wie sie eigentlich normal sein sollten.

Auch die anderen Heilsankündigungen dieses Abschnitts gehen darüber kaum hinaus. Sie verheißen, daß es in Jerusalem kein Weinen und keine Trauer, keinen frühen Tod und keine Feinde geben wird, sondern alle die Früchte ihrer Arbeit selber genießen und Jahwe die Bitten der Menschen sofort erhört. Von einer kosmischen Neuschöpfung kann keine Rede sein. Was die Verse verheißen, ist sogar relativ bescheiden, nämlich nichts anderes als das Ende der gegenwärtigen Nöte und Leiden. Und doch: für die Betroffenen bedeutet dieses Ende alles. Ein Ende ihrer Nöte ist für sie eine neue Welt, und die Welt Jerusalems soll erneuert und eine Welt der Freude werden. Dieser Traum von einer anderen Welt äußert sich als Verheißung eines neuen Himmels und einer neuen Erde, einer Verheißung, die von Späteren nicht mehr als überschwengliches Bild, sondern – aus dem Kontext gerissen – als eine apokalyptische Ankündigung verstanden wurde, die das Vergehen dieser Welt und die Erschaffung eines neuen Himmels und einer neuen Erde im Blick hat.[11]

Gegenüber der Erwartung von Jes 65 stellen andere Schilderungen des Wohlstands im künftigen Jerusalem eine deutliche Steigerung dar. Beschränkt sich 65,22 auf die Verheißung, daß die Israeliten die Früchte ihrer Mühen wieder selber genießen werden, so verkündet ihnen Jes 61,5f., daß sie in der eschatologischen Heilszeit nicht mehr arbeiten müssen, also gar keine Mühen mehr haben werden. Alle Arbeit wird jetzt von ausländischen Sklaven verrichtet, und Israel wird vom Reichtum der Völker leben. Bestens versorgt werden sich die Israeliten dann ganz dem Gottesdienst hingeben und allesamt Priester sein. Daß alle die Privilegien des Priestertums gleichermaßen genießen sollen, impliziert, daß es in der Heilszeit keine Unterschiede unter den Israeliten – z.B. soziale Unterschiede – mehr geben wird. Die Verheißung des allgemeinen Priestertums entspricht damit der Verheißung des allgemeinen Prophetentums von Joël 3 (s.u.S. 50).

4. Das neue Jerusalem und sein Umland werden von wunderbarer Fruchtbarkeit geprägt sein. Wüsten werden zu Gärten und Gärten zu üppigen Waldlandschaften (Jes 32,15), ja das verwüstete Land wird wie der Garten Eden aussehen (Ez 36,35). Ähnlich überschwenglich verheißt Joël 4,18, daß die Berge von Wein und die Hügel von Milch triefen und alle Bäche Judas von Wasser überlaufen werden.[12] Diese Verheißung geht über die Aufhebungen der Vergeblichkeitsflüche weit hinaus.

5. Im neuen Jerusalem werden die Menschen gesund sein, Kranke und Behinderte werden in der Heilszeit genesen, Blinde werden sehen, Taube hören, Stumme jubeln und Lahme wie Hirsche klettern (Jes 29,18; 33,5f.). Niemand wird mehr krank sein (Jes 33,24), und alle werden ein hohes Alter erreichen (Jes 65,20).

6. Im Kontext der Beschreibungen des neuen Jerusalem ist auch von kosmischen Veränderungen die Rede, über die die Texte allerdings sehr verschiedene Vorstellungen entwickeln. Nach Jes 24,23 und 60, 19f. werden Sonne und Mond nicht mehr leuchten, da der Lichtglanz Jahwes Tag und Nacht über Jerusalem erstrahlt. Demgegenüber verheißt Sach 14,7, daß der Wechsel von Tag und Nacht aufhören und es immer Tag sein wird, die Sonne also nicht erlischt, sondern ständig leuchtet. Einen Schritt weiter geht Jes 30,26. Der Mond wird so hell wie die Sonne sein, und die Sonne wird siebenmal kräftiger scheinen als bisher.

Zusammenfassung: In exilisch-nachexilischer Zeit hat Israel immer wieder Visionen von Jerusalem als einer reichen Stadt inmitten von blühenden Landschaften entworfen. Mögen sich die Bilder in diesen Visionen auch unterscheiden, sie alle basieren auf dem Traum von Frieden und Wohlstand, von Gesundheit und hohem Alter, von einem Leben in Freude und einem Ende aller gegenwärtigen Nöte.

5. Der neue Tempel

Gehört zum neuen Jerusalem auch ein neuer Tempel? Diese Frage ist unter den Propheten strittig. Der umfassendste Entwurf vom Heiligtum der eschatologischen Heilszeit findet sich in der Tempelvision Ez 40–48. Ausführlich werden alle Bauten einer Anlage, die in ihrer Symmetrie Vollkommenheit veranschaulicht, beschrieben: die Mauern des Tempelbezirks mit ihren Toren, die Vorhöfe, der Brandopferaltar und natürlich der Tempel selbst mit seinen einzelnen Räumen und seiner Innenausstattung. In diesen Tempel wird Jahwe zurückkehren, um auf ewig in der Mitte seines Volkes zu wohnen. Unter der Schwelle des Tempels gibt es eine wunderbare Quelle (vgl. Joël 4,18), deren Wasser nicht nach Osten und Westen (so Sach 14,8), sondern nur nach Osten fließen und einen Fluß bilden, neben dem wunderbare Bäume wachsen, die jeden Monat aufs neue leckere Früchte tragen und deren nie welkende Blätter als Arzneimittel dienen. Der Fluß mündet ins Tote Meer, erfüllt es mit Leben, so daß dort viele Fische schwimmen und Fischer ihre Netze auswerfen. Der Tempel wird hier als der Ort verstanden, von dem alle Fruchtbarkeit ausgeht. Das ist eine Vorstellung, die sich mit dem Jerusalemer Tempel schon immer verbunden hat, die ferner für die Tempel des alten Orients und Ägyptens ganz geläufig ist, und so darf es nicht verwundern, daß auch der eschatologische Tempel Jerusalems als Quell der Fruchtbarkeit und allen Lebens gesehen wird.

Konkret eingesetzt hat sich für den Bau des neuen Tempels in frühnachexilischer Zeit der Prophet Haggai. Auch für ihn ist das Heiligtum die Quelle von Leben, Fruchtbarkeit und Wohlstand, und deswegen stellt der Bau eine Voraussetzung für den Beginn der ersehnten eschatologischen Heilszeit dar. Der neue Tempel soll den alten an Herrlichkeit übertreffen. Damit sind die kostbaren Materialien des neuen Tempels gemeint, doch – und darauf kommt es an – diese Materialien verweisen auf eine andere Realität, nämlich auf Gott. In der Herrlichkeit des neuen Tempels zeigt sich die Präsenz Jahwes, die für alle eschatologischen Entwürfe des Alten Testaments von fundamentaler Bedeutung ist.

Neben diesen tempelzentrierten Ansätzen, die traditionellem Denken folgen, gibt es im Alten Testament aus der tempellosen Zeit des 6. Jahrhunderts auch Zukunftsentwürfe, in denen die Präsenz Gottes unabhängig vom Tempel gedacht wird. Deuterojesaja entwirft in immer neuen Anläufen ein Bild von der Zukunft Israels mit dem Zionsberg als Zentrum, doch von einem neuen Tempel ist bei ihm keine Rede.[13] Bei Tritojesaja wird in frühnachexilischer Zeit aus dem Schweigen zum Tempel sogar eine Polemik gegen den Tempel. In Jes 66,1–2 wendet sich der Prophet deutlich gegen seinen Zeitgenossen Haggai und dessen tempelzentrierte Theologie. Da Gott im Himmel thront, können Menschen ihm kein Haus bauen; da er alles erschaffen hat und ihm folglich alles gehört, ist es absurd, ihm ein Haus übergeben zu wollen. Die Anstrengungen für einen neuen Tempel in Jerusalem werden hier lächerlich gemacht. Nach der Einweihung des neuen Tempels hatte sich die Kritik am Bau erledigt, und so rückte auch für den Bearbeiter der Worte Tritojesajas die Verherrlichung des Tempels wieder ins Zentrum der Heilserwartung.[14]

Zusammenfassung: An der Einstellung zum Tempel wird die Verschiedenheit der eschatologischen Entwürfe des Alten Testaments wieder sehr deutlich. Für die einen ist eine heilvolle Zukunft ohne Tempel nicht denkbar, für die anderen ist sie sehr gut möglich, da Gottes Präsenz nicht an den Tempel gebunden ist. Doch diese Differenz tritt gegenüber der fundamentalen Übereinstimmung in den Hintergrund, die darin besteht, daß die Gegenwart Jahwes im Zentrum aller eschatologischen Heilserwartungen steht.

6. Der neue »Messias«

Die Könige Israels wurden bei ihrer Krönung in einem rituellen Akt gesalbt und trugen deswegen den Titel *māšiaḥ*, »Gesalbter« (griech. transliteriert *messias*; übersetzt *christos*). Allerdings wird ein König nie absolut als »der Gesalbte« bezeichnet, sondern immer als Gesalbter Jahwes. Der Titel hebt also hervor, daß der König eng mit Jahwe verbunden ist. Er steht einerseits unter seinem Schutz und ist andererseits von ihm zur Herrschaft beauftragt. Im Rahmen der vorexilischen Königsideologie zielt die Messiasbezeichnung also darauf, den Herrscher zu legitimieren und zu autorisieren.

Im Zusammenhang der prophetischen Ankündigungen eines eschatologischen Heilskönigs kann der Begriff »Messias« nur in Anführungszeichen gebraucht werden, da die traditionell als »messianisch« bezeichneten Ankündigungen den Begriff »Messias« nie gebrauchen, sondern von einem König, einem Herrscher, einem Sproß, einem neuen David oder von dem Knecht Jahwes sprechen.[15] Die einzigen Texte, bei denen sich der Titel »Messias« auf einen eschatologischen Heilskönig beziehen kann, sind die Königspsalmen. Sie hatten mit der Bezeichnung »Messias« ursprünglich zwar den aktuell regierenden König im Blick, jedoch wurden sie, als es in nachexilischer Zeit keinen König mehr gab, auf einen künftigen Heilsherrscher bezogen.[16]

Das Alte Testament entwickelt von einem eschatologischen Heilskönig sehr unterschiedliche Vorstellungen. Die Verheißungen unterscheiden sich in den Fragen: Stammt er aus dem Haus Davids oder nicht? Ist er schon präsent oder noch nicht? Greift er machtvoll militärisch ein, oder ist er machtlos? Entsprechen die Erwartungen der traditionellen Königsideologie, oder gehen sie über diese hinaus?

1. Der Prophet Jesaja verheißt in 11,1–5 einen Heilskönig. In der Beschreibung dieses Königs führt er ein Ideal vor Augen, an dem die Defizite des gegenwärtigen Königs und seiner ganzen Dynastie offensichtlich werden sollen. Der Text hat also eine königskritische Spitze. V. 1 kündigt das Kommen des Heilskönigs mit dem berühmten Wort »Aus dem Baumstumpf Isais wächst ein Reis hervor!« an. Wenn Isai, der Vater Davids, hier als Baumstumpf bezeichnet wird, so bedeutet das, daß das Davidische Königshaus abgesägt werden und der neue Heilskönig gerade nicht aus der Linie Davids kommen soll.

V. 2 beschreibt die Amtsausrüstung des Heilskönigs. Er erhält den Geist Jahwes und damit die Fähigkeiten, die einen idealen Herrscher ausmachen.

Die Ausrüstung mit dem Geist ist für Jerusalemer Könige, die sich durch ihre Herkunft legitimierten, völlig untypisch und entspricht nicht der Königsideologie. Sie zielt hier darauf, dem Heilskönig, der gerade nicht aus der Davidischen Dynastie stammt, die fehlende genealogische Legitimation zu ersetzen. Die besondere Autorisierung von V. 2 entspricht sachlich der dynastiekritischen Aussage von V. 1.

In V. 3–5 führt Jesaja die Kritik fort, indem er die Amtsführung des Heilskönigs als Gegenbild zur Amtsführung der herrschenden Dynastie, aber in Übereinstimmung mit der traditionellen Königsideologie (vgl. Ps 72) beschreibt. Der künftige Herrscher wird nicht nach dem Hörensagen urteilen, sondern den Bedrückten zu ihrem Recht verhelfen und für soziale Gerechtigkeit sorgen. Das schließt ein, daß er alle Frevler tötet. Allerdings übt er Gewalt nicht mit einem eisernen Stab aus – so der König nach Ps 2,9 –, sondern tötet mit dem Stab seines Mundes. Das heißt: Er hat es aufgrund seiner Geistbegabung nicht nötig zu kämpfen, sondern führt sein Amt mit dem bloßen Wort (vgl. die Fortschreibung in Ps 2,10–12), das freilich ein wirkmächtiges Wort ist. Somit wird die traditionelle Königsideologie hier dadurch gesteigert, daß der eschatologische König sein Amt mit großer Mühelosigkeit führt.

2. Die Herrscherverheißung in Mi 5,1–5 entspricht zunächst Jes 11, geht dann jedoch eigene Wege. Der in sich mehrschichtige Text verheißt in V. 1, daß der Heilskönig aus Bethlehem, also nicht aus Jerusalem kommen wird. Wie in Jes 11 die Davidische Dynastie übergangen und bei Isai neu angesetzt wird, so wird hier Jerusalem, der Ort der Davidischen Dynastie, übergangen und in Bethlehem, dem Ort Isais (1 Sam 16), neu angesetzt. Das ist eine Polemik gegen Jerusalem und sein Herrscherhaus.

Der weitere Text entspricht traditioneller Königsideologie. Der Herrscher wird mit der Kraft Jahwes regieren und seine Herrschaft bis an die Enden der Erde durchsetzen. Vor allem aber wird er eine ganz konkrete Tat vollbringen, nämlich die Assyrer zurückschlagen und so Frieden schaffen. Hier weist Mi 5 gegenüber Jes 11 ein eigenes Profil auf. Der Heilskönig schlägt nicht die Frevler innerhalb Israels, sondern äußere Feinde. Wie der König von Ps 2 ist er ein machtvoller, militärischer Kämpfer, ohne daß allerdings von der Tötung der Feinde die Rede wäre. Gemein ist den Heilsherrschern der beiden Kapitel jedoch, daß sie in der Kraft Jahwes agieren und einen endgültigen Heilszustand durchsetzen.

3. Jes 9,1–6 verheißt Israel, dem Volk, das im Finstern wandelt, ein großes Licht und große Freude. V. 3, V. 4 und V. 5f. beginnen jeweils mit »denn« und nennen für die Freude drei Gründe: zum ersten hat Jahwe – also nicht wie in Mi 5 der Heilskönig, sondern Gott selbst – das Joch, das auf Juda lastet, zerbrochen. Zum zweiten wird alle militärische Kleidung verbrannt, und damit soll der Krieg ein Ende haben. Der dritte Grund ist schließlich das Auftreten eines eschatologischen Heilskönigs, der hier – anders als in Jes 11 – in der Nachfolge Davids gesehen wird. V. 5 formuliert im Stil einer Königsproklamation: »Denn uns ist ein Kind geboren, ein Sohn ist uns

geschenkt. Die Herrschaft liegt auf seiner Schulter; man nennt ihn: Wunderbarer Ratgeber, Starker Gott, Vater in Ewigkeit, Fürst des Friedens.« Der Blick geht hier zurück auf die Geburt des Königs, die Machtübergabe und die Thronnamen, die der König bei der Inthronisation erhalten hat. V. 6 beschreibt seine Herrschaft als ewige Friedenszeit, die auf Recht und Gerechtigkeit gegründet ist. Da Jahwe das Joch der Feinde bereits zerbrochen hat, muß dieser König das Friedensreich nicht gegen Frevler oder Feinde durchsetzen, sondern repräsentiert es im Grunde nur. Insofern ist seine Herrschaft hier konsequenter als Friedensherrschaft gedacht.

Jes 9,1–6 geht – wie weithin erkannt ist – kaum auf Jesaja zurück. Nach einer ansprechenden Vermutung stammt der Text aus der Zeit Josias (640–609 v. Chr.), in der Juda angesichts des Untergangs der Assyrer aufblühen und expandieren konnte. V. 5 würde dann auf die Geburt und Amtseinführung Josias zurückblicken und V. 6 den König propagandistisch als Heilskönig darstellen. Jahwe hat das Joch der Assyrer gebrochen, und Josia ist dabei, von Juda aus ein ewiges Friedensreich zu errichten. Dieses präsentisch-eschatologische Verständnis wird jedoch allenfalls einer Grundschicht des Textes gerecht. Der vorliegende Text wird in V. 6b nämlich durch den Zusatz: »Der Eifer Jahwes wird dies tun!« zu einer eschatologischen Verheißung transformiert. Nur durch diese Transformation konnte der Text, nachdem Josia gescheitert und dem Staub der Geschichte anheimgefallen war, weiterhin Aktualität haben. Der Heilskönig ist jetzt nicht mehr eine bestimmte, historische Person, sondern eine künftige Gestalt.

4. In den Herrscherverheißungen des Ezechielbuches wird die Macht des erwarteten Davididen eingeschränkt. Das Buch gesteht ihm nämlich – außer in Kap. 37 – nicht die Bezeichnung »König«, sondern nur den bescheideneren Titel »Fürst« zu (Ez 34,24; 37,25; 44ff.). Damit soll vermutlich nicht den realpolitischen Verhältnissen der nachexilischen Zeit entsprochen werden, in der es in Juda tatsächlich nur einen Statthalter gab, sondern ein Konzept propagiert werden, das die Macht der Davididen bewußt einschränkt, möglicherweise in Aufnahme königskritischer Traditionen. Der Herrscher der Heilszeit soll nicht mehr König sein, sondern nur Fürst.

5. Das Jeremiabuch enthält in 21,1–23,8 eine Sammlung von Worten, die den letzten Königen Judas Unheil ansagen. Einen ersten Abschluß findet diese Sammlung in Jer 23,5–6 mit der Ankündigung eines eschatologischen Heilskönigs, der an die Stelle der bisherigen Könige treten soll und sich – anders als König Zedekia, dessen Name »Jahwe ist meine Gerechtigkeit« bedeutet – seines Namens »Jahwe ist unsere Gerechtigkeit« als würdig erweisen wird. Mit dem Heilskönig, der als »Sproß« bezeichnet wird, werden wie in Jes 11 Weisheit, Recht und Gerechtigkeit sowie Sicherheit und Friede assoziiert, aber anders als in Jes 11, jedoch wie in Jes 9, wird hier ein Davidide angekündigt. Ebenfalls in Übereinstimmung mit Jes 9 tritt der Heilskönig auch hier nicht militärisch auf. Er muß den Frieden anders als der Herrscher von Mi 5 nicht erkämpfen, da Juda – das Passiv in V. 6 ist wohl als passivum divinum zu verstehen – von Jahwe gerettet wird.

33

Die Herrscherverheißung von Jer 23 wird in Jer 33,14–18 fast wörtlich wiederholt, dabei jedoch durch die Zufügung von V. 17 zu einer Dynastieverheißung ausgeweitet. Das »messianische« Friedensreich soll von einer ewigen Dynastie regiert werden.

6. Sach 6,12f. nimmt aus Jer 23 die Verheißung eines Sprosses auf und bezeichnet eine königlich thronende Person, von der gesagt wird, daß sie den Tempel wiederaufbaut, als »Sproß« (vgl. 3,8). Da es der Statthalter Serubbabel war, der den Tempel tatsächlich wiederaufgebaut hat, und dieser als Enkel des 597 v. Chr. deportierten Königs Jojachin zudem aus dem Hause Davids stammte, wird man bei dem Sproß, auch wenn eine namentliche Nennung – vielleicht aus politischen Gründen, vielleicht weil sie später gelöscht wurde – unterbleibt, an Serubbabel denken dürfen. Er wird in Sach 6,12f. als der in Jer 23 verheißene Heilskönig gefeiert. Diese gesteigerte Erwartung mag in der Zeit von ca. 520 v. Chr. vielleicht darauf beruhen, daß das persische Reich nach dem Tod des Kambyses 522 v. Chr. in eine gewisse Krise geraten war. Später, nachdem sich Serubbabel nicht etablieren konnte, ist der Text auf den Hohenpriester Josia übertragen worden. Auch in Sach 4 wird Serubbabel zum »Messias«, genauer zu einem »Sohn frischen Öls«, ernannt, aber im Rahmen einer neuartigen Konzeption, die mit zwei »Messias«-Gestalten rechnet, einer priesterlichen und einer königlichen. Von dem königlichen »Messias« wird in 4,6 gesagt, daß er nicht durch Macht und Gewalt regiert, sondern durch den Geist Jahwes. Der König ist hier also wie in Jes 9 und Jer 23 kein machtvoller Krieger, sondern wird sogar ausdrücklich als machtlos bezeichnet.

Auch Hag 2,21–23 spricht Serubbabel, dem Enkel Jojachins, königliche Würde zu, nicht offen freilich – wohl um die persischen Autoritäten nicht zu provozieren –, sondern in Aufnahme der chiffrierten Bildsprache von Jer 22,20–30, die Haggai als bekannt voraussetzt. Dem »Messias« werden hier wie in Jes 9 keine besonderen Taten zugeschrieben. Es ist Gott, der die Macht der Weltreiche vernichtet, und der »Messias« regiert das Friedensreich, das Jahwe ihm übergibt.

7. Die Vorstellung von einem machtlosen Heilskönig findet ihre Zuspitzung in Sach 9,9f. Es ist hier wieder Jahwe, der das Kriegsgerät vernichtet, während der Heilskönig als Mann des Wortes erscheint. Er verkündet den Völkern Frieden und repräsentiert ein die ganze Welt umfassendes Friedensreich. Die Zuspitzung liegt darin, daß der König nicht nur machtlos ist, sondern sogar arm und hilfsbedürftig.[17] Er reitet nicht auf hohem Roß, sondern auf niedrigem Esel. Er setzt nicht – wie es traditioneller Königsideologie entspricht – das Recht der Armen durch, sondern gehört selbst zu den Armen, die auf Gottes Hilfe angewiesen sind. Er ist damit im Grunde der Antityp eines Messias.

8. Es gibt im Alten Testament auch eschatologische Zukunftsentwürfe, die keinen Heilskönig kennen. Bei Hosea, dem überaus königskritischen Propheten des Nordreichs, hören wir nichts von einem künftigen König. Erst ein judäischer Redaktor hat in 3,5 eine »messianische« Verheißung nachge-

tragen. Für Deuterojesaja gibt es zwar einen Messias, doch mit dem Titel ist bei ihm gerade kein in Jerusalem residierender Davidide gemeint, sondern der persische König Kyros, der Israel als Werkzeug Jahwes aus der Gefangenschaft befreit (45, 1). In Jerusalem herrscht nur Jahwe als König. Auch das Tritojesajabuch kennt in seinen Visionen vom eschatologischen Jerusalem keinen menschlichen König, und gleiches gilt für die Bücher Zephanja, Maleachi und Joël.

Zusammenfassung: Im Alten Testament finden sich sehr verschiedene Vorstellungen von einem eschatologischen Heilskönig. Gemein ist diesen Vorstellungen der Traum von einem Friedensreich, das – abgesehen von eschatologisch gedeuteten Psalmen (z.B. Ps 2) – nicht durch Vernichtung der Feinde, sondern allenfalls durch Zerstörung der Kriegsgeräte durchgesetzt wird. In den Herrscherverheißungen begegnen keine Ankündigungen einer Völkervernichtung.

Bei den sogenannten messianischen Texten muß man zwischen gegenwartsbezogenen Proklamationen und zukunftsbezogenen Verheißungen unterscheiden. Die Verheißungen, die sich auf eine nicht näher bestimmte Zukunft beziehen und im Alten Testament gegenüber den präsentischen Proklamationen sicher im Vordergrund stehen, können eine Kritik an gegenwärtigen oder vergangenen Königen implizieren (Jes 11; Mi 5; Jer 23). Die gegenwartsbezogenen Proklamationen – Haggai und Sacharja präsentieren Serubbabel als Heilskönig, und Jes 9 propagierte ursprünglich vielleicht Josia – haben dagegen keine herrschaftskritische, sondern im Gegenteil eine herrschaftslegitimierende Funktion.

Von dem eschatologischen Heilskönig werden zum Teil ganz bestimmte Einzeltaten erwartet, deren Realisierung leicht vorstellbar ist, nämlich die Wiedervereinigung von Nord- und Südreich (Ez 37) oder der Bau des Tempels (Sach 6). Als Herrschaftsgebiet ist in diesen Texten nur Israel im Blick. Andere Erwartungen, nämlich daß der Heilskönig den Armen helfen, Recht und Gerechtigkeit üben sowie bis an die Enden der Erde herrschen wird, entsprechen traditioneller Königsideologie. Wie in der Königsideologie gibt es auch in den Herrscherverheißungen einerseits die Vorstellung, daß der Heilskönig den Frieden militärisch erkämpft (Mi 5; vgl. Ps 2), andererseits aber auch die, daß Jahwe den Kampf führt und der König als Handelnder ganz im Hintergrund bleibt und nur noch ein Repräsentant der Herrschaft zu sein scheint (Ps 110; Jes 9). Aus dem inaktiven »Messias« kann dann in Abweichung von der traditionellen Königsideologie, ja in bewußter Abgrenzung von ihr, ein machtloser und hilfsbedürftiger Heilskönig werden (Sach 4 und 9). In der Vorstellung vom machtlosen und hilfsbedürftigen »Messias« spiegelt sich vermutlich die Ohnmacht der jüdischen Gemeinde. Die politische Machtlosigkeit hat hier – das ist beachtenswert – nicht dazu geführt, daß man von einer Umkehrung der Verhältnisse und von einem mächtigen Messias, der die Völker unterjochen würde, träumte, sondern die Erfahrung von Unterdrückung und Leid in den Traum von einer Welt einbrachte, in der es weder Unterdrückung noch Leid geben und in der sich das Ideal einer gewaltfreien Herrschaft realisieren sollte. Aus dem traditionellen Bild vom mächtigen Jerusalemer König, der die Völker unterwirft, wurde – vielleicht unter Beachtung der königskritischen Traditionen des Alten Testaments – das Bild von einem König, der ohne Macht regiert und weltweiten Frieden repräsentiert. Diesem neuen Königsbild entspricht es, wenn der Herrscher nicht mehr als ein durch Salbung zu mächtigem Handeln autorisierter Messias bezeichnet wird, sondern als Knecht Jahwes (Ez 34,23f.; 37,24; Hag 2,23; Sach 3,8). Im Fehlen des Messias-Titels enthalten die Herrscherverheißungen also vielleicht ein königskritisches Moment.

Die Vorstellung von einem eschatologischen Heilskönig hat mit der Vorstellung von der Königsherrschaft Gottes nichts zu tun. Beide Vorstellungen stehen im Alten Testament unverbunden nebeneinander, obwohl sie inhaltlich durchaus verwandt sind, da beide von der Hoffnung auf Frieden und dem Traum von einem umfassenden Heilszustand genährt werden. Zudem beruht die Herrschaft des »Messias« sachlich immer auf der Königsherrschaft Jahwes. Angesichts der inhaltlichen Nähe der beiden Vorstellungsbereiche darf es nicht verwundern, daß sie später miteinander verbunden worden sind.[18]

Im Alten Testament hat der Heilskönig noch nicht die zentrale Bedeutung, die ihm in späteren Messiasvorstellungen zukommt. Hier ist er noch nicht derjenige, der die Heilszeit bringt, sondern er kommt mit ihr und gehört deswegen nur zu den Gaben der Heilszeit.

7. Das Friedensreich

Das Alte Testament entwickelt von dem für die eschatologische Heilszeit erwarteten Friedensreich ganz unterschiedliche Vorstellungen. Sowohl im Blick auf menschliche Feinde als auch im Blick auf wilde Tiere träumt man einerseits von deren endgültiger Vernichtung, andererseits von deren Einbeziehung in das Friedensreich. Im einen Fall findet der Feind, im anderen die Feindschaft ein Ende.

7.1 Friede vor den Völkern – Friede mit den Völkern

In nachexilischer Zeit, als Israel versuchte, sich unter persischer Herrschaft neu zu konstituieren, stellte sich die Frage, ob man den Völkern gegenüber auf radikale Absonderung oder auf friedliche Koexistenz setzen sollte. Die Gemeinde ist in dieser Frage gespalten. Die eine Richtung will die nationale Identität durch eine scharfe Abgrenzung nach außen herstellen. Als Protagonisten dieser Strömung verbieten Esra und Nehemia in Fortführung deuteronomistischer Absonderungsgedanken z.B. Ehen mit ausländischen Frauen (Esr 10; Neh 13). Die andere Richtung ist Ausländern gegenüber aufgeschlossen und setzt sich für Toleranz ein. So entwerfen die Bücher Rut und Jona in Auseinandersetzung mit nationalistischen Strömungen ein positives Ausländerbild, um so für eine offene Einstellung zu werben, und in 1 Kön 8,41–43 wird Jahwe gebeten, die zum Jerusalemer Tempel gerichteten Bitten von Ausländern zu erhören. Der Konflikt zwischen den beiden Richtungen findet seinen Niederschlag auch in eschatologischen Entwürfen. Auf der einen Seite träumt man davon, daß Jahwe in brutaler Weise zum Gericht schreitet, um allen fremden Völkern – besonders natürlich den Unterdrückern Israels – ein grausames Ende zu bereiten. Auf der anderen Seite hofft man dagegen auf eine friedliche Zukunft mit den Völkern. Doch es gibt auch Zwischentöne.

7.1.1 Die Vernichtung der Völker

In der Königszeit ging die Jerusalemer Theologie im Rahmen ihrer präsentisch-eschatologischen Vorstellungen davon aus, daß Jahwe die Gottesstadt schützt und alle angreifenden Völker machtvoll unterwirft (s. o. S. 14). Diese alte Tradition wird in eschatologischen Gerichtsvorstellungen aufgenommen, die die Vernichtung der Völker zum Teil drastisch ausmalen und zu einem auch Israel einschließenden Weltgericht ausweiten.
1. Nach Sach 14 wird Jahwe die Völker zunächst zum Kampf gegen Jerusalem sammeln, dann jedoch umgekehrt zum Kampf gegen die Völker schreiten. Machtvoll wird er auf den Ölberg treten, so machtvoll, daß der sich spaltet, ein großes Tal entsteht und die Völker furchterfüllt die Flucht ergreifen. Im Laufe des Kapitels werden den Völkern dann schreckliche Plagen und letztlich der Untergang angekündigt, von dem nur diejenigen ausgenommen werden, die sich zu Jahwe bekehren. Diese Vision von der Vernichtung der Völker zielt darauf, Jerusalem eine eschatologische Heilszeit anzukündigen, in der es keine Feinde mehr gibt (vgl. Mi 4,11–13).
2. Eine ganz andere Vorstellung entwickeln Verheißungen, die nicht nur die Unterwerfung der Feinde ankündigen, sondern Israel auch die endzeitliche Eroberung fremder Gebiete und damit den Aufbau eines großen Reiches zusagen (Jes 11,14; Zeph 2,7.9; Sach 9,13ff.).
3. Das Amosbuch beginnt mit einer Komposition von Völkersprüchen, die allerdings nicht nur den Fremdvölkern Unheil ansagt, sondern auch Israel. Damit betont Amos gegenüber traditionellem Erwählungsdenken, daß Israel keinen Sonderstatus hat, sondern wie die Völker schreckliches Unheil erfahren wird. Auf einer späten, redaktionellen Ebene sind diese Völkersprüche des Amos jedoch im Kontext der Ankündigung eines umfassenden Völkergerichts zu verstehen. Innerhalb des Zwölfprophetenbuchs ist die Komposition nämlich durch die Übereinstimmung von Am 1,2 und Joël 4,16 mit der voranstehenden Ankündigung eines eschatologischen Völkergerichts zu einer sachlichen Einheit verknüpft. Joël 4 kündigt an, daß Jahwe vom Zion aus machtvoll gegen die Völker einschreiten wird, die Israel so lange gequält haben, die jetzt erneut ihre Pflugscharen zu Schwertern umschmieden und zum Tal Joschafat anrücken. Dort aber thront Jahwe, um sie

zu richten (Joschafat bedeutet »Jahwe richtet«[19]). Für Israel wird der Zion damit wieder ein Ort der Zuflucht und des Heils sein. Genau diesen Gedanken setzt das Amosbuch im redaktionellen Kontext des Zwölfprophetenbuchs fort. In den Völkersprüchen expliziert es das Gericht im Tal Joschafat, nun allerdings unter Einschluß von Israel und Juda. Jedoch wird das Gericht am eigenen Volk jetzt nicht so radikal gesehen wie einst von Amos. Das Amosbuch endet nämlich in Kap. 9 mit einer in demselben redaktionellen Kontext zu verstehenden Heilsankündigung, die Joël 4 nicht nur sachlich entspricht, sondern in 9,13 sogar Joël 4,18 zitiert. Beide Bücher – aber nicht nur sie, denn Obadja fügt sich nahtlos an – bilden jetzt einen Zusammenhang, der den Völkern die endgültige Vernichtung, Israel mit Jerusalem als Zentrum jedoch eine eschatologische Heilszeit ankündigt.

4. Von einem ähnlichen Ausweitungsprozeß zeugt Jes 34. V. 1 und V. 5–15 kündigen Edom ein grausames Gericht an. Jahwe wird mit seinem Schwert ein großes Morden veranstalten. Blut fließt in Strömen, Bäche verwandeln sich zu Pech, das Land wird öd’ und leer (vgl. Gen 1,2), nur wilde Tiere und Dämonen hausen dort noch. Durch Zufügung von V. 2–4 ist das Edomgericht redaktionell zu einem Völkergericht ausgeweitet worden. Jahwes Zorn richtet sich jetzt gegen alle Völker. Nach einem weltweiten Massaker werden überall Leichen liegen, die Berge werden von Blut zerfließen, die Hügel verfaulen. Edom, der traditionelle Erzfeind Israels, ist jetzt nicht mehr das einzige, sondern nur noch das erste Volk, das Jahwe in seinem Kampf für den Zion (V. 8) vernichten wird.

5. In Jes 13 läßt sich eine ganz ähnliche Bewegung feststellen. Das Gericht an Babylon wird durch eine Fortschreibung zu einem weltweiten Gericht ausgeweitet, und darüber hinaus erscheint die ganze Sammlung der Völkersprüche, Jes 13–23, im Licht von Jes 24 als Ankündigung des Weltgerichts. Am Tag Jahwes wird der Himmel beben und die Erde wanken, die Menschen geraten in Panik, da Jahwe schreckliches Unheil über den Erdkreis bringt. Das Gericht ist hier – von den Völkersprüchen des Jeremiabuches ließe sich Ähnliches zeigen – zu einem Israel einschließenden Weltgericht geworden. Wir stoßen damit auf die apokalyptische Erwartung vom Untergang der Welt und von der Ablösung der Weltreiche durch die Königsherrschaft Gottes.

Somit ergibt sich: In den Prophetenbüchern des Alten Testaments ist die Ankündigung, daß Jahwe die Völker in einem umfassenden Gerichtsakt vernichtet, nicht ohne Gewicht. Sachlich ist bei den Gerichtsankündigungen zwischen einem eschatologischen Völkergericht, das die Völker vernichtet, um Israel Frieden in einer herrlichen Welt zu ermöglichen, und einem apokalyptischen Weltgericht zu unterscheiden, das alle Völker einschließlich Israel trifft und letztlich auf ein Ende der Welt zielt, dem nur die Gottesherrschaft folgen kann – ganz so wie es in Dan 2 und 7 ausgeführt wird. In beiden Zukunftsvisionen verwirklicht sich die jüdische Gemeinde, die mit den Völkern wie mit der Welt so negative Erfahrungen gemacht hat, den Traum von einem Leben ohne die Größen, die man nur als Quellen tausendfachen Leids wahrnehmen konnte. Zur eschatologischen Heilszeit als der Zeit des Endes aller Übel gehörte für manche Strömungen der jüdischen Gemeinde also auch das Ende der Völker und das Ende der Welt. Der eschatologische Friede ist hier ein Frieden vor den Völkern, teuer erkauft durch die Ausrottung der Völker.

7.1.2 Die Versklavung der Völker

Im Alten Testament wird einerseits die Vernichtung, andererseits die Bekehrung der Völker verheißen. Zwischen beiden Extremen steht die Ankündigung, daß die Völker in Umkehrung bisheriger Verhältnisse Israel als Sklaven dienen und ihren Reichtum als Tribut nach Jerusalem bringen werden. Deutlich formuliert Jes 14,2: »Die Völker werden Israel nehmen und in seine Heimat zurückführen, und im Land des Herrn wird das Haus Israel sie zu Leibeigenen machen, zu Knechten und Mägden. Es wird die gefangenhalten, die es gefangenhielten, und wird die unterdrücken, die es einst unterdrückten.«

In dem Heilswort Jes 49,22–23 spricht Deuterojesaja Jerusalem zunächst als Mutter und dann als Königin an. Die Völker tragen der Mutter ihre Kinder, die Israelitinnen und Israeliten, fürsorglich gepflegt nach Hause. Ihre Fürsten verbeugen sich ehrfurchtsvoll vor der Königin und lecken den Staub ihrer Füße. Alles zielt hier auf die Verherrlichung Jerusalems, und in diesem Kontext kommen die Völker anders als in 45,14 nicht als Pilger, sondern nur als Sklaven in den Blick. Davon, daß auch sie Jahwe erkennen werden, ist hier keine Rede.

In der Grundschicht von Jes 60,1–14 zeichnet Tritojesaja ein Bild vom neuen Jerusalem, das die Gedanken von Jes 49,22f. aufnimmt. Die Herrlichkeit Jahwes wird kommen und über Jerusalem strahlen (V. 1–3). Dann werden die Schätze der Völker aus allen Richtungen herbeiströmen (V. 4–14). Von Osten kommen Viehherden und Kamelkarawanen mit den Kostbarkeiten der arabischen Stämme, von Westen segeln Schiffe mit Gold und Silber heran, und von Norden treffen die Hölzer des Libanon ein. Die Könige der Völker werden als Gefangene herbeigeführt (V. 11), und die Völker tragen – hier werden die Bilder von der Stadt als Mutter und Königin aufgenommen – die Israeliten von den Enden der Erde herbei (V. 4) und küssen Jerusalem die Füße (V. 14). Sie bauen die Mauern der Stadt wieder auf (V. 10), um schließlich an den Toren als Türsteher zu fungieren und dem nie versiegenden Strom der Karawanen jederzeit die Pforten offen zu halten. Am Ende rufen die früheren Bedrücker die eschatologischen Namen Jerusalems aus: »Stadt Jahwes«, »Zion des Heiligen Israels« und erkennen damit nolens volens die Herrlichkeit des neuen Jerusalem an.

Eine Zuspitzung dieser Sicht der Völker findet sich in Hag 2,6–7. Der Prophet kündigt hier die Verherrlichung des Tempels an. Jahwe wird die eschatologische Heilszeit mit einem weltweiten, alle Völker erfassenden Beben eröffnen. Dann werden die Schätze der Völker nach Jerusalem kommen und den Tempel verherrlichen. Zwei Unterschiede zu Deutero- und Trito-jesaja fallen auf. Zum einen geht es hier nicht um die Verherrlichung Jerusalems, sondern ganz speziell um die des Tempels. Zum anderen kommen die Völker hier nicht einmal als Sklaven in den Blick. Die Schätze strömen von selbst herbei, und ihnen gilt das ganze Interesse. Die Völker erscheinen nur als die ehemaligen Besitzer der Schätze und werden selbst keines Gedankens gewürdigt.

Auch wenn das eigentliche Thema der Texte oft nicht die Rolle der Völker, sondern die Verherrlichung Israels ist, bleibt festzuhalten, daß die Völker hier wie Besiegte ihre Schätze abliefern und Sklavendienst leisten müssen.[20] Von einer Bekehrung oder Wallfahrt kann keine Rede sein. Die Teilnahme der Völker am Kult scheint undenkbar, und genau das sagen andere Texte mit klaren Worten. Dtn 23,4ff. verwehrt allen Ammonitern und Moabitern kategorisch den Zutritt zur jetzigen Gemeinde Jahwes. Die Bücher Esra und Nehemia setzen sich ganz massiv für die Trennung von allen Fremden ein. In einem eschatologischen Entwurf entspricht dieser Linie die Ankündigung Ezechiels, daß Ausländer zum künftigen Heiligtum keinen Zutritt haben werden (Ez 44,9).[21] Hier wendet man sich deutlich gegen die Teilnahme der Völker am Jahwe-Kult und damit auch gegen ihre Teilhabe am Heil.

7.1.3 Die Einbeziehung der Völker

Aus der Jerusalemer Vorstellung vom Völkerkampf hat sich nicht nur die Ankündigung eines eschatologischen Völkergerichts entwickelt, sondern auch die ganz anders geartete, ja ihr diametral entgegengesetzte Ankündigung einer Wallfahrt der Völker zum Zion. Die Völker ziehen auch hier nach Jerusalem, werden dort aber von Jahwe nicht unterworfen, sondern bekehren sich zu ihm und dürfen sogar am Kult partizipieren. So steht den beiden fremdenfeindlichen Linien eine gewichtige fremdenfreundliche Linie gegenüber, die mit der eschatologischen Bekehrung der Völker sowie ihrer Zulassung zum Jahwe-Kult rechnet.

Als eschatologische Erwartung findet sich die Vorstellung von der Bekehrung der Völker erstmals bei Deuterojesaja. Der Prophet kündigt die wunderbare Heimkehr Israels aus dem Exil und die Verherrlichung Jerusalems an, doch das Heilsgeschehen vollendet sich erst in der Einbeziehung der Völker ins Heil. Durch Jahwes Handeln an Israel werden die Völker nämlich zu der Erkenntnis kommen, daß Jahwe ein machtvoll handelnder Gott ist, und zu dem Bekenntnis: »Nur bei dir ist Gott, und es gibt keinen sonst, niemand sonst ist Gott« (Jes 45,14).[22] In einem unendlichen Strom werden sie dann nach Jerusalem pilgern. Diese Ankündigung einer Völkerwallfahrt nimmt neben dem Motiv vom Anstürmen der Völker, das zu einem friedlichen Anströmen geworden ist, die Vorstellung der Jerusalemer Königsideologie auf, daß der von Jahwe zum Weltherrscher eingesetzte König stellvertretend die Gaben und die Huldigungen der Völker entgegennimmt (Ps 2; 72, 8ff.; vgl. o. S. 14). Deuterojesaja eschatologisiert diese Vorstellung unter Verzicht auf einen messianischen König.

Im Tritojesajabuch ist Jes 60 redaktionell zur Ankündigung der Völkerwallfahrt zum Zion ausgearbeitet worden. Die Grundschicht, die noch nicht von der Bekehrung der Völker sprach, hat durch die Zusätze V. 6b.7b.9b und 13b eine neue Stoßrichtung erhalten. Jetzt steht der Tempel im Zentrum des Geschehens, von dem zuvor nicht die Rede war, und die Völker verehren jetzt Jahwe. Sie verkünden seine Ruhmestaten, bringen ihm ihre Schätze, und die Hölzer des Libanon dienen der Ausstattung seines Tempels. Der Text handelt jetzt von der Wallfahrt der Völker zum Zion.

Das Thema »Bekehrung der Völker« ist insbesondere für die Endgestalt des Jesajabuchs von herausragender Bedeutung. Um das Tritojesajabuch (Jes 56–66) legt sich mit Jes 56,3–8 und 66,18–22 eine Klammer, die die Aufnahme von Fremdlingen in die Jahwe-Gemeinde propagiert und dem Jesajabuch einen fremdenfreundlichen Schluß gibt. Da Jes 66,18–22 in der Ankündigung eines Pilgerzugs der Völker zum Zion zugleich Jes 2,2–5 entspricht und mit diesem Text eine Klammer um das ganze Jesajabuch legt, hat das Buch auch einen fremdenfreundlichen Rahmen und darf deswegen trotz anderer Aussagen im Bereich von Kap. 13–27 in seiner Endgestalt als ein äußerst fremdenfreundliches Buch gelten.

Jes 56,3–8 wendet sich gegen das Verbot von Dtn 23, Fremdlinge in die Jahwe-Gemeinde aufzunehmen, und antwortet auf deren Klage über ihre Abweisung mit einer bedingten Verheißung. Jahwe selbst wird Ausländer, die ihm dienen und die Gebote beachten, zum Tempel führen, der ein Bethaus für alle Völker sein soll. Anders als in der Aufnahme dieser Zusage in der neutestamentlichen Erzählung von der Vertreibung der Händler aus dem Tempel, liegt der Akzent hier nicht darauf, daß der Tempel ein Bethaus ist, sondern daß er ein Bethaus für alle Völker sein wird.

Bleibt Jes 56,3–8 mit seinen konkreten Fragen zur Zulassung von Ausländern fast noch im hic et nunc, so entwirft Jes 66,18ff. ein eschatologisches Gemälde von der weltweiten Verehrung Jahwes. Zunächst will Gott die Völker der näheren Umgebung sammeln, aus ihren Reihen dann Missionare gewinnen, und die sollen seine Herrlichkeit bis an die Enden der Erde verkünden und die zerstreuten Israeliten zum Zion zurückbringen. Einige von ihnen wird Jahwe schließlich – auch das geht über Jes 56 hinaus – zu Priestern machen. So wird sich in Jerusalem eine neue, eschatologische Gemeinde bilden, in der Fremde gleichberechtigt mit den Israeliten Jahwe am Tempel dienen. Ein Zusatz führt den Gedanken weiter: An allen Neumonden und Sabbaten – also nicht nur jährlich am Laubhüttenfest (so Sach 14,16), sondern sogar wöchentlich – wird alles Fleisch kommen, um Jahwe zu huldigen (V. 23). In dem Ausdruck »alles Fleisch« wird hier die Trennung zwischen Israel und den Völkern sprachlich aufgehoben.

Jes 2,2–5 hat in Mi 4,1–5 eine Parallele, die fest in ihren Kontext eingebunden ist und wohl die ältere Fassung darstellt. Der Prophet Micha hat

Jerusalem und Juda Unheil und nichts als Unheil angesagt (s. o. S. 15). Seine Verkündigung gipfelt in dem schrecklichen Satz: »Darum wird Zion euretwegen zum Acker, den man umpflügt, Jerusalem wird zu einem Trümmerhaufen, der Tempelberg zur überwucherten Höhe.« (3,12). Dieser radikalen Unheilsankündigung folgt, von späterer Hand geschrieben und durch das Stichwort »Tempelberg« direkt an sie anknüpfend,[23] die diametral entgegengesetzte Verheißung Mi 4,1–5, die den Tempelberg zum Zentrum des eschatologischen Heilsgeschehens macht. Die Einleitung »am Ende der Tage wird es geschehen« stellt die beiden gegensätzlichen Ankündigungen in eine zeitliche Abfolge: zuerst die Verwilderung, dann die Verherrlichung des Zion.

V. 1a nimmt alte Aussagen von der Festigkeit und Höhe des Zion auf (vgl. z.B. Ps 48,9), transformiert sie aber zu eschatologischen Ankündigungen. Nicht jetzt, sondern erst in der endzeitlichen Heilszeit – also nach der im voranstehenden Vers angekündigten Zerstörung (3,12) – wird der Zionsberg unbezwingbar fest gegründet sein. Dann wird er nicht mehr wanken, so daß eine erneute Zerstörung Jerusalems ausgeschlossen ist. Dann wird er als Gottesberg auch der höchste Berg sein. Daß Gott auf dem Zion wohnt, bedeutet, daß hier Himmel und Erde zusammenstoßen, die Erde hier zum Himmel ragt oder eher noch der Himmel zur Erde. Die Aussage von der Höhe des Berges zielt jedenfalls darauf, der Gegenwart Gottes auf diesem Berg Ausdruck zu geben (vgl. o. S. 14).

V. 1b–2 entwickeln aus der Tradition von den heranbrausenden Feinden und Chaosströmen (vgl. Ps 46; 93,3; s. o. S. 14) die Verheißung künftiger Pilgerströme (*nhr*, »strömen«, V. 1b). Die Völker werden nicht mehr als Feinde nach Jerusalem ziehen, sondern als Freunde. Freiwillig werden sie kommen – das betont das Zitat V. 2, und feierlich ziehen sie auf den Berg Jahwes (*'lh*, »hinaufziehen« – ein terminus technicus für Prozessionen), weil die Tora, die am Sinai nur Israel zuteil geworden ist, jetzt vom Zion aus auch ihnen gegeben wird, und nach ihr wollen die Völker wandeln.[24]

V. 3–4a beschreiben ein umfassendes Friedensreich. Jahwe wird die Konflikte zwischen den Völkern schlichten und allen zu ihrem Recht verhelfen. Dann werden die Völker nicht mehr den Krieg, sondern die Tora erlernen und ihre Waffen zu Werkzeugen schmieden, Schwerter zu Pflugscharen und Speere zu Winzermessern. Das ist eine ganz andere Vorstellung als in Ps 46,10f. (vgl. Joël 4,10). Dort setzt Jahwe den Frieden als überlegener Krieger durch, indem er die heranbrausenden Völker unterwirft und ihre Waffen zerstört, hier erscheint er als Lehrer und Schlichter, der den heranpilgernden Völkern seine Tora schenkt. Nicht er ist es, der die Waffen zerbricht, sondern sie selbst zerstören sie aus Einsicht und schmieden sie zu Werkzeugen. Hier regiert nicht das Diktat des Siegers, sondern Einsicht macht die Feinde zu Freunden.

Nach V. 3 endet die Übereinstimmung mit Jes 2. In V. 4–5 folgen mehrere Zusätze, die V. 1–3 explizieren, aber auch korrigieren. V. 4a setzt die Verheißung von V. 3 mit einer Beschreibung des Friedens im Blick auf den einzelnen fort. Die Menschen werden ungestört unter Weinstöcken und Feigenbäumen sitzen. Sie müssen sich also – so die Aussage des traditionellen Friedensbilds (vgl. 1 Kön 5,4; Sach 3,10) – nicht durch Mauern vor Angriffen schützen. V. 4b paßt mit der dem Jesajabuch entlehnten Formulierung »der Mund Jahwe Zebaoths hat gesprochen« eigentlich nicht zum Kontext, da dieser eindeutig nicht als Gottesrede formuliert ist. Der Zusatz will dem Text größeres Gewicht verleihen. Noch nach der Schlußformel erhebt in V. 5 plötzlich eine Wir-Gruppe ihre Stimme und lenkt den Blick in realistischere Bahnen. Fraglich ist jedoch, ob der Einwand präsentisch oder futurisch zu verstehen ist. Im ersten Fall würde der Verfasser die Sonderstellung Israels in der Gegenwart hervorheben: Noch wandeln alle Völker im Namen ihres Gottes, aber Israel wandelt schon jetzt im Namen Jahwes. Bei einem futurischen Verständnis, für das immerhin spricht, daß ein Tempuswechsel nicht angezeigt wird, stellt V. 5 der voranstehenden Verheißung eine ganz andere Zukunftserwartung entgegen: Die Völker werden nicht nach Jerusalem pilgern und gemäß der Tora Jahwes wandeln, sondern auch in Zukunft ihre je eigenen Götter verehren. Der Vision von einem Friedensreich mit Jahwe und Jerusalem als Zentrum tritt damit – vielleicht von Dtn 32,8 (vgl. Dtn 4,19f.) inspiriert – die Vision von einem Friedensreich entgegen, das auf Toleranz und Religionsfreiheit gegründet ist. In jedem Fall entwirft die nachexilische Gemeinde in Mi 4,1–5 Vorstellungen von einer besseren Heilszeit, die sich als umfassendes Friedensreich darstellt.

Ein ganz anderes Bild von der Jahwe-Verehrung der Völker entwickelt Jes 19,18–25. Als Völker werden hier Ägypten und Assur, die Erzfeinde Israels, genannt, doch sie sind in der nachexilischen Entstehungszeit des Textes (in der Assur schon lange untergegangen ist) eine Chiffre für die aktuellen Weltmächte, die der Fiktion der jesajanischen Verfasserschaft und der Datierung ins 8. Jahrhundert entspricht. Diesen Völkern wird hier Heil angesagt, mehr noch: sie werden Jahwe verehren, aber nicht am Zion, sondern – und das ist neu – in ihren Heimatländern. Von der zentralen Bedeutung Jerusalems ist hier nichts zu spüren.

Der Text gliedert sich in vier relativ selbständige und wohl sukzessive entstandene Abschnitte, die jeweils von der Formel »an diesem Tag« eröffnet werden. V. 18 kündigt an, daß man in fünf Städten Ägyptens Hebräisch sprechen und bei Jahwe schwören wird. Damit sollen vermutlich in ägyptischen Städten existierende jüdische Gemeinden legitimiert werden (vgl. Jer 44,1). Diese Ankündigung scheint den Verfasser von V. 19–22 zu einer ganz neuen Vision von der Zukunft Ägyptens inspiriert zu haben. Ganz Ägypten wird zum Jahwe-Glauben konvertieren, ja der Jahwe-Glaube wird zur ägyptischen Staatsreligion. An der Grenze Ägyptens steht eine Mazzebe für Jahwe und im Zentrum des Landes ein Jahwe-Altar.[25] Vor allem aber: Ägypten wird eine Heilsgeschichte angekündigt, die der Israels entspricht (vgl. Ez 29,13f.). Wenn die Ägypter nämlich – wie einst die Israeliten in Ägypten – bedrängt werden und in ihrer Not zu Jahwe schreien (vgl. Ex 3,9), wird der ihnen einen Retter schicken – sozusagen einen zweiten Mose – und sie befreien. Das Exodusgeschehen, das im Bekenntnis Israels für das Verhältnis zwischen Jahwe und Israel von konstitutiver Bedeutung ist, wird als Urbild herangezogen für das, was einst zwischen Jahwe und Ägypten geschehen soll. Jahwe wird – welch provokante Vorstellung! – zum Retter Ägyptens, und die Ägypter werden ihm dienen. Doch dann passiert dasselbe wie in der Richterzeit: die Ägypter fallen ab, Jahwe schlägt sie, sie kehren um, und er heilt sie. Die Geschichte Israels wird sich für Ägypten wiederholen, und damit wird Ägypten Israel gleichgestellt (vgl. Am 9,7).

In V. 23 hat ein weiterer Bearbeiter Assur einbezogen. Ägypten und Assur, die beiden stets verfeindeten Großmächte, werden Frieden schließen, und beide werden Jahwe dienen.

V. 24–25 ziehen abschließend die Konsequenzen für Israel. Es wird keine Sonderstellung mehr haben. Jahwe wird in Ägypten, Assur und Israel verehrt werden, und die drei Länder werden von ihm gleichermaßen gesegnet und mit würdevollen Namen versehen. Ägypten wird von Jahwe sogar als »mein Volk« bezeichnet (vgl. Sach 2,15)! Israel ist jetzt bestenfalls primus inter pares. Die Völker strömen nicht mehr zum Zion, sondern sind gleichberechtigt und haben ihre eigenen Kultzentren. Jerusalem ist damit nur noch von lokaler Bedeutung. Hier wird die Zionstradition – und mit ihr die für das Alte Testament so zentrale Vorstellung von der Erwählung Israels – nicht nur stillschweigend aufgegeben, sondern ein Gegenentwurf mit einem ganz anderen Universalismus formuliert.

Dieser Zukunftsentwurf mußte provozieren und hat provoziert. Schon die Septuaginta und der Targum weigern sich, den hebräischen Text richtig wiederzugeben. Septuaginta überträgt in V. 25 die Segnung Ägyptens und Assurs auf die dort lebenden Israeliten: »Gesegnet ist mein Volk, das in Ägypten weilt und unter den Assyrern.« Targum paraphrasiert: »Gesegnet ist mein Volk, das ich aus Ägypten geführt habe. Weil sie vor mir schuldig geworden sind, habe ich sie nach Assur ins Exil geführt. Aber jetzt, da sie umgekehrt sind, werden sie genannt mein Volk und mein Erbbesitz Israel.« In V. 24 macht Targum aus dem Friedensbild ein Kriegsbild, aus der Straße der Völkerverständigung eine Heeresstraße: »Die Assyrer werden mit den Ägyptern kämpfen und die Ägypter mit den Assyrern, und die Ägypter werden den Assyrern dienen.«

Auch Zef 2,11 kündigt an, daß die Völker Jahwe in ihren Heimatländern verehren werden, jedoch geht es nicht um die friedliche Einbeziehung der Völker, sondern um eine »Zwangsmissionierung« angesichts der Überlegenheit Jahwes über die Völker und deren Götter. Nach Mal 1,11 verehren die Völker in ihren Ländern schon jetzt Jahwe. Das Kapitel wirft Israeliten diverse Vergehen vor und stellt ihnen – welche Provokation! – die Völker als Vorbild gegenüber, die Jahwe an allen Orten dienen.[26]

Außerhalb der Prophetie kommt die Einbeziehung und Bekehrung der Völker in Psalmen und Erzählungen zur Sprache. Ps 87 verheißt den Völkern, daß sie zu Söhnen Jerusalems erklärt und damit sozusagen eingebürgert werden.[27] Die Daniel-Legenden erzählen von der Bekehrung fremder Könige und wecken bei ihren Lesern damit entsprechende Träume (Dan 2; 3; 4; 6).

Zusammenfassung: Mit den Völkern verbindet das Alte Testament ganz unterschiedliche eschatologische Vorstellungen. Manche Texte kündigen die endgültige Vernichtung der Völker an, andere gehen von deren Versklavung aus, wieder andere verheißen ihre Einbeziehung in die endzeitliche Heilszeit. Weiter zu differenzieren ist in der Frage, wie die Einbeziehung aussehen soll. Manche Texte erwarten, daß die Völker nach Jerusalem pilgern, um Jahwe dort zu verehren. Andere verheißen, daß sie Jahwe in ihren jeweiligen Heimatländern huldigen werden. Eine dritte Vorstellung denkt wohl an eine Friedenszeit, in der die Völker weiterhin ihren je eigenen Göttern dienen. Das Alte Testament entwirft von der Zukunft der Völker also kein einheitliches Bild, sondern eher eine Galerie mit ganz verschiedenen Bildern.

Doch es gibt auch Versuche, die Bilder miteinander in Verbindung zu bringen. Jes 60,12 kündigt ein Vernichtungsgericht nur den Völkern an, die Jahwe nicht dienen wollen. In gleicher Weise sagt Sach 14,17–19 nur den Völkern schreckliches Unheil an, die nicht nach Jerusalem pilgern. Ein ganz anderes Modell bietet der unmittelbar voranstehende Vers Sach 14,16. Hier wird die Reihenfolge Bekehrung – Gericht umgedreht. Diejenigen, die das Gericht an den Völkern überleben, werden nach Jerusalem pilgern und Jahwe verehren.[28] Dieser Gedanke liegt wohl auch dem komplexen Modell von Ez 38–39 zugrunde. Hier wird die Vorstellung vom Völkergericht – völlig singulär – in eine Zeit nach dem Beginn der eschatologischen Heilszeit transponiert. Zunächst wird Israel in Frieden und Wohlstand leben, und zwar in der Heilszeit, die normalerweise als Endzeit, hier jedoch als Zwischenzeit gilt. Ihr folgt eine fernere Zukunft (38,8) mit neuen Ereignissen lange nach Beginn der Heilszeit. Es kommt also zu einer eschatologischen Ereignisabfolge (vgl. Jes 24,22). Gog von Magog, der unbekannte König eines unbekannten Reiches im fernen Norden – in unserem Text wohl eine mythische Größe – wird mit einem mächtigen Heer aus den Streitkräften vieler Völker nach Israel eindringen, sei es aus eigenem Antrieb (V. 10), sei es im Auftrag Jahwes (V. 16). Doch Jahwe wird so machtvoll einschreiten, daß die Erde bebt, die Berge zerfallen und alle Tiere erzittern. Er metzelt das gesamte Heer nieder und überläßt die Leichen der Krieger den wilden Tieren zum Fraß. Das ganze brutale Endzeitgeschehen zielt darauf, daß Israel und die Völker die Macht Jahwes erkennen. Die Vernichtung des Völkerheeres führt hier also zur Anerkennung Jahwes auch durch die Völker. Zur endzeitlichen Rettung Israels, auf die alles, wenn auch erst in ferner Zukunft, zuläuft (39,25ff.), gehört also die Einbeziehung der Völker.[29]

7.2 Friede vor den Tieren – Friede mit den Tieren

Der Vorstellung von einem eschatologischen Völkerfrieden entspricht die Vorstellung von einem eschatologischen Tierfrieden. Auch hier unterscheiden sich verschiedene Linien an der Frage, was ein Ende findet: alles feindliche, böse Getier oder die Feindschaft zwischen den Tieren bzw. zwischen Tier und Mensch?

7.2.1 Die Vernichtung der wilden Tiere

Schon in der altorientalischen Literatur gibt es die Vorstellung vom urzeitlichen Fehlen wilder Tiere.[30] Ihr entspricht im Alten Testament die Erwartung der eschatologischen Ausrottung dieser Tiere.[31] Jes 35,9 verheißt, daß es auf dem Weg, den Israel aus dem Exil zum Zion gehen wird, keine Raubtiere geben soll. Ez 34,25 kündigt an, daß Gott alle bösen Tiere ausrotten wird, damit Israel in Sicherheit leben kann. Der Friede, der hier für die eschatologische Heilszeit verheißen wird, ist teuer erkauft. Er basiert auf der Ausrottung von Löwen und Bären, Schlangen und Skorpionen und vielen anderen Tierarten. Man wird den Wunsch, der hinter der Verheißung steht, einem Volk, das von diesen Tieren akut bedroht wurde, jedoch nicht verübeln dürfen.

7.2.2 Die Einbeziehung der wilden Tiere

Neben der Verheißung der Ausrottung der wilden Tiere steht die Ankündigung, daß die wilden Tiere zu friedlichen Tieren mutieren und ins Friedensreich integriert werden. Hier schwinden nicht die bösen Tiere, sondern den Tieren schwindet das Böse. Rational gesehen würde das biologische Gleichgewicht in beiden Fällen gleichermaßen zerstört, doch mit einer derartigen Überlegung wird man dem Text und den Wünschen hinter ihm nicht gerecht.

Nach Ijob 5,22f. fügen wilde Tiere dem Gerechten kein Leid zu. Hos 2,20 verheißt ein Friedensreich, in dem Jahwe zwischen Israel und den Tieren einen Bund vermittelt, der zum Frieden mit den Tieren führt. In Jes 11,6–8 ordnet ein später Zusatz der Herrschaft des eschatologischen Heilskönigs einen Tierfrieden zu, der angesichts der Rückbezüge auf die biblische Urgeschichte als weltweiter Tierfriede zu verstehen ist. Todfeinde werden dann zusammenleben: Der Wolf wohnt beim Lamm, der Panther beim Zicklein, junge Stiere spielen mit kleinen Löwen, Kühe weiden mit Bären, und auch die Menschen fügen sich wunderbar ein. Hier wird eine Welt des Friedens gemalt, jenseits von Blutvergießen und dem Recht des Stärkeren, und diese Welt fasziniert gerade in ihrer Kontrafaktizität.

Löwe, Wolf, Panther, Bär und Schlange sind nach Jer 5,6 und Am 5,19 die Tiere, die Jahwe zum Gericht an Israel einsetzt. Wenn Jes 11 just diese Raubtiere nennt und zu friedlichen Tieren werden läßt, so bezieht sich der Text damit vielleicht auf diese Gerichtsaussagen, um speziell ein Ende des Gerichts an Israel anzukündigen. Da die Tiere jedoch nicht nur zurückgepfiffen werden, sondern sich zu friedlichen Tieren entwickeln, verheißt er wohl doch mehr als nur ein Ende des Gerichts an Israel.

Als schutzbedürftig werden in Jes 11 nicht Tiere der freien Wildbahn genannt, sondern Schafe, Ziegen und Rinder, also Haustiere. So gesehen wendet sich der Text speziell an Bauern und verheißt ihnen, daß sie nicht mehr um ihre Herden fürchten müssen. Da der Löwe jedoch nicht andere Wildtiere, sondern Stroh fressen soll, läßt sich der Text auch nicht auf diese spezielle Aussage reduzieren.

Rückbezüge auf die biblische Urgeschichte zeigen, daß Jes 11,6ff. neben den genannten speziellen Aussagen, die durchaus mitschwingen mögen, einen weltweiten Tierfrieden im Blick hat. Nach Gen 1,29–30 hat Gott den Menschen und Tieren nur die Pflanzen als Nahrung zugewiesen, sie also als Vegetarier geschaffen. Dem urzeitlichen Vegetarismus, der erst nach der Sintflut aufgehoben wurde, entspricht in Jes 11 ein endzeitlicher Vegetarismus. Die Zeit des Fressens und Gefressen-Werdens soll wieder ein Ende finden. V. 8 bezieht sich zudem auf Gen 3,15. Die ewige Feindschaft zwischen Mensch und Schlange wird im Bild vom Säugling am Loch der Otter aufgehoben. Jes 11 kündigt also einen endzeitlichen Frieden an, der den urzeitlichen Verhältnissen der Schöpfung entspricht.

Jes 65,25 nimmt Jes 11 auf. Ganz wie dort leben hier Wolf und Lamm, Löwe und Rind friedlich miteinander, und wie dort heißt es am Schluß, daß die Tiere nichts Böses mehr tun. In der Mitte steht jedoch – vermutlich später eingefügt – ein Stichos, der nicht das Friedensbild vom Kind am Loch der Otter aufnimmt, sondern zum Fluch von Gen 3 zurückkehrt: Die Schlange soll weiterhin Staub fressen. Damit geht der Text gegenüber Jes 11 einen Schritt zurück, denn die Schlange bleibt als Verkörperung des Bösen auch in der Heilszeit verdammt.

Die 4. Ekloge Vergils ist oft mit Jes 11 verglichen worden, und man hat sogar literarischen Einfluß von Jes 11 auf Vergil angenommen. Beide Texte kündigen einen Heilskönig an, der ein Friedensreich aufrichten wird. Beide erwarten einen Tierfrieden und nennen als Vertreter der wilden Tiere jeweils Löwe und Schlange. Doch bei genauerem Hinsehen zeigen sich große Differenzen. Bei Vergil wird nicht ein Frieden mit den wilden Tieren angekündigt, sondern das Aussterben dieser Tiere. Jes 11 beschreibt eine eschatologische Heilszeit, die der Gegenwart kontrastreich gegenübergestellt wird. Die Ekloge hingegen will der Gegenwart nichts gegenüberstellen, sondern – im Gegenteil – vermutlich die Gegenwart im Rahmen einer präsentisch-eschatologischen Konzeption legitimieren und Kaiser Augustus als Friedensherrscher feiern.

7.3 Zusammenfassung

Feinde und Tiere entsprechen einander, und diese Entsprechung hat Tradition. In assyrischen ebenso wie in ägyptischen Darstellungen stellen sich Könige oft als Sieger dar, und zwar als Sieger über Feinde wie als Sieger über böse Tiere, z.B. Nilpferde oder Löwen. Die Tötung von Feinden und Tieren wird auf den Darstellungen sogar deutlich parallelisiert. In beiden haben wir es mit der Macht des Bösen zu tun. Das ist im Alten Testament nicht anders, und so darf es nicht verwundern, wenn sich die eschatologischen Vorstellungen, die im Blick auf Feinde und böse Tiere geäußert werden, entsprechen. Einerseits stoßen wir sowohl auf die Vorstellung von der eschatologischen Vernichtung der Feinde als auch auf die von der eschatologischen Vernichtung der bösen Tiere. Andererseits gibt es auch sowohl die Vorstellung von der Verwandlung der Feinde zu Freunden als auch die von der Verwandlung der bösen Tiere zu friedlichen. Beide Konzepte zielen auf ein Friedensreich, jedoch sind diese Friedensreiche so verschieden wie Feuer und Wasser. Das eine basiert auf Völkermord und Ausrottung der Arten, das andere auf Feindesliebe im umfassendsten Sinne.

8. Das neue Volk

Was geschieht in der eschatologischen Heilszeit mit den Sündern? Auf diese zentrale Frage gibt das Alte Testament grob gesagt zwei Antworten. Nach der einen werden die Sünden vergeben, und Israel führt dann ein sündloses Leben; nach der anderen werden die Sünder vergehen, die Gerechten dagegen leben. Die erste Antwort zielt auf das Ende der Sünde und damit auf das Leben der Sünder, die zweite auf das Ende der Sünder und damit auf deren Tod.

8.1 Das Volk ohne Sünde

8.1.1 Die Vergebung vergangener Sünden

Das Leid des Exils hat Israel nicht mit der Willkür Jahwes oder seiner Unterlegenheit gegenüber anderen Göttern erklärt, sondern nach dem Tun-Ergehen-Zusammenhang mit der Sünde des Volkes. Von daher ist es nur konsequent, wenn sich die Ankündigung vom Ende der Unheilszeit mit der Zusage verbindet, daß Israel für seine Sünden genug gelitten hat oder die Sünden jetzt vergeben werden. Genau diese Zusagen finden sich bei Deuterojesaja. Gleich zu Anfang seines Buches verkündet er, daß Jerusalem für seine Sünden Doppeltes empfangen hat und die Schuld folglich bezahlt ist (Jes 40,2). In 44,22 verheißt er dann, daß Jahwe die Sünden wegwischen wird. Auch wenn hier zwei unterschiedliche Vorstellungen aufgegriffen werden, ist entscheidend, daß die Sünden der Vergangenheit keine Auswirkungen mehr haben sollen und die Heilszeit folglich beginnen kann.[32]

8.1.2 Der neue Bund

Die deuteronomistische Tradition versteht das Sinaigeschehen als Bundesschluß und das Gesetz als Gegenstand des Bundes. Den Untergang der beiden israelitischen Staaten erklärt sie damit, daß Israel und seine Könige immer wieder gegen das Gesetz verstoßen und so den Bund gebrochen haben. In Jer 31,31–34 wird diese Sicht in der Verheißung eines neuen Bundes aufgenommen. V. 31 kündigt den Bund überschriftartig an. V. 32–34 erläutern zunächst negativ (V. 32), dann positiv (V. 33–34a) das Wesen des Bundes. Er wird nicht wie der alte sein, der hier merkwürdigerweise nicht mit dem Sinai in Verbindung gebracht, sondern unmittelbar vor dem Auszug aus Ägypten situiert wird. Den alten Bund hat Israel brechen können und auch tatsächlich gebrochen, und deswegen mußte Gott sich im Gericht als Herr erweisen. Den neuen Bund will Jahwe den Israeliten ins Herz schreiben, und ihre bisherigen Sünden sollen ihnen vergeben werden.

Was ist nun neu am neuen Bund? Geschlossen wird er wie der alte zwischen Jahwe und Israel, also ohne Einbeziehung der Völker. Sein Inhalt ist dieselbe Tora, die ja zum Leben führt, wenn man sie – aber das ist das Problem – nur tut. Neu ist die Vermittlung der Tora bzw. der Ort ihrer Deponierung. Die Tora wird den Israeliten jetzt nicht durch Belehrung und Vorlesen vermittelt und auch nicht nur vor sie gegeben (Jer 9,12; 26,4), sondern ihnen direkt ins Herz geschrieben. Das hat zur Folge, daß sie sie nicht wieder mißachten, sondern wirklich tun, ja daß sie gar nicht anders können, als sie zu tun. Der neue Bund kann also nicht gebrochen werden, und genau deswegen kann er die Grundlage eines neuen Lebens und einer eschatologischen Zukunft sein, die vom Gehorsam gegenüber der Tora geprägt ist.[33] Eine von Jer 31 abweichende Verheißung findet sich im Jesajabuch. Nach Jes 30,20f. und 54,13 wird sich alle zwischenmenschliche Unterweisung erübrigen, nicht weil die Tora den Israeliten ins Herz geschrieben ist, sondern weil ganz Israel von Jahwe selbst unterwiesen wird. Entscheidend ist jedoch die den Stellen gemeinsame Erwartung, daß Israel ganz nach dem Willen Jahwes wandeln wird.

8.1.3 Neues Herz und neuer Geist

Der Verheißung eines neuen Bundes, dessen Gesetze den Israeliten ins Herz geschrieben und von ihnen beachtet werden, steht die Verheißung eines neuen Herzens oder eines neuen Geistes sehr nahe. Das Herz ist im Hebräischen nicht der Sitz der Gefühle, sondern das Organ der Erkenntnis und der Einsicht, des Wollens, Planens und Entscheidens. Ein weites Herz zeichnet sich – anders als im Deutschen – nicht durch Großzügigkeit aus, sondern durch richtige Entscheidungen. Der Geist ist im Hebräischen die Kraft, etwas auszuführen, und die Fähigkeit, die Beschlüsse des Herzens umzusetzen. Herz und Geist ergänzen sich also wie Planung und Durchführung. Das Herz des Menschen wird im Alten Testament vielfach negativ gesehen. Die Sintflut-Erzählung beginnt mit der Feststellung, daß die Gedanken des menschlichen Herzens nur böse sind alle Tage, und sie endet mit der Einsicht, daß das Trachten des menschlichen Herzens böse ist von Jugend auf. Der Mensch ist Sünder, und das Herz ist der Ort der Sünde. Dieser Sicht entspricht Jer 17,1 mit dem Vorwurf, daß den Israeliten die Sünde mit eisernem Stift ins Herz geschrieben ist (vgl. Ez 2,4) und das Sündenbekenntnis von Ps 51 mit der Bitte um ein reines Herz und einen neuen Geist (V. 11f.). Was hier erbeten wird, sagt Ez 36,26 zu (vgl. 11,19; 39,29). Jahwe wird den Israeliten ein neues Herz und einen neuen Geist geben, damit sie nach seinen Geboten wandeln. Diese Erneuerung bedeutet im Grunde eine Neuschöpfung, denn hier wird ein Ende der fundamentalen Sündhaftigkeit angekündigt.[34] Deswegen entspricht die Verheißung letztlich der Verheißung des neuen Bundes.

In Ez 18,31 werden neues Herz und neuer Geist nicht als göttliche Gaben zugesagt, sondern von den Angeredeten als Eigenleistung gefordert. Im Vordergrund steht hier ein ethisches Anliegen. Es geht ganz zentral um den Aufruf zur Umkehr, und die Zusage, daß Gott im Fall der Umkehr Leben schenkt. Sofern die geforderte Umkehr dauerhaft und endgültig sein soll, kann man auch hier von einer eschatologischen Vorstellung sprechen. Sofern es hier jedoch nicht um eine fundamentale Neuschöpfung des Menschen geht, sondern um die Besserung des alten Adam, wird man mit der Prädizierung »eschatologisch« vorsichtig sein, da sie den qualitativen Unterschied gegenüber Ez 11,19 und 36,26 kaschiert.

Einen neuen Akzent setzt die Verheißung von Joël 3. Jahwe wird seinen Geist über alles Fleisch ausgießen, über Männer und Frauen, Junge und Alte sowie Knechte und Mägde. Dann werden sie alle Propheten sein, Visionen haben und weissagen. Gott durchbricht hier die Schranken zwischen Geschlechtern, Generationen und sozialen Schichten. Die Gabe des Geistes führt damit nicht nur zu einer innerlichen Erneuerung des Menschen, sondern auch zu neuen Verhältnissen. Gottes Gleichbehandlung aller Menschen führt zur Gleichstellung aller Menschen – allerdings nur innerhalb Israels, denn mit der Wendung »alles Fleisch« sind hier – das zeigt der voranstehende Kontext, der die Anrede in V. 2 definiert – nicht alle Menschen weltweit gemeint, sondern nur alle Israelitinnen und Israeliten. Von einer Einbeziehung der Völker kann – das zeigt auch der folgende Kontext – keine Rede sein.

Während Joël 3 ein allgemeines Prophetentum ankündigt, erwartet Sach 13,2–6 die Ausrottung aller Propheten. Gemein ist den beiden Texten, daß es keine besonderen Propheten mehr geben soll.

8.1.4 Reinigung von künftigen Sünden

Die Verheißungen von einem neuen Bund, einem neuen Herz und einem neuen Geist kündigen an, daß Israel in der eschatologischen Heilszeit keine Sünden mehr begehen wird. Auf eine ganz andere Zukunftserwartung stoßen wir in Sach 13,1. Hier wird Jerusalem eine Quelle verheißen, die von den Sünden reinigt. Man wird in der Heilszeit also weiterhin sündigen, aber den Vergehen folgt kein entsprechendes Ergehen, da Jahwe die Sünden wegwischen wird.

8.2 Das Volk ohne Sünder

Neben der Vorstellung, daß alle Israelitinnen und Israeliten in der erwarteten Heilszeit sündlos nach dem Willen Jahwes wandeln, und der ganz anderen Vorstellung, daß sie auch in der Heilszeit von ihren Sünden gereinigt werden, steht die Vorstellung, daß nicht ganz Israel am künftigen Heil partizipieren wird, sondern nur die Gruppe der Gerechten, während die Sünder ausgeschlossen werden. In dieser Erwartung spiegelt sich ein Konflikt in der nachexilischen Gemeinde, der in einer Spaltung gipfelte (Jes 66,5). Der Konflikt führte dazu, daß man im Blick auf die Heilszeit Einlaßbedingungen formulierte. Verhalten nach dem Willen Gottes wird hier nicht als Folge des Beginns der Heilszeit gesehen und als Geschenk Gottes beschrieben, sondern als Voraussetzung für die Teilhabe am eschatologischen Heil. Jes 65,12-15 unterscheidet zwischen den Knechten Jahwes auf der einen und den angeredeten Gegnern auf der anderen Seite:

> Weil ... ihr das Böse in meinen Augen tatet
> und erwähltet, woran ich keinen Gefallen habe,
> 13 deswegen spricht Jahwe, der Herr, so:
> Siehe meine Knechte werden essen, aber ihr werdet hungern.
> Siehe meine Knechte werden trinken, aber ihr werdet dürsten.
> Siehe meine Knechte werden feiern, aber ihr werdet zugrunde gehen.
> 14 Siehe meine Knechte werden jubeln vor Herzensfreude,
> aber ihr werdet schreien vor Herzensschmerzen.

Jes 66,15-17 kündigt den innerisraelitischen Gegnern sogar eine grausame Vernichtung an. Zornentbrannt wird Jahwe mit Feuer und Streitwagen kommen und sie vernichten.

Ganz ähnlich Mal 3,18-20. Hier sagt Jahwe ein Läuterungsgericht an, das alle Frevler vernichtet. Über den Gerechten, und nur über ihnen, wird dann die Sonne der Gerechtigkeit leuchten. V. 21 fügt noch an, daß die Frommen die Sünder mit ihren Füßen im Staub zertreten werden. Noch drastischer malt Jes 66,24, der Schlußvers des Jesajabuchs, die eschatologische Vernichtung der Sünder aus: »Die Frommen werden 'rausgehen und auf die Leichen der Männer sehen, die gegen mich sündigten. Ja, ihr Wurm wird nicht sterben, und ihr Feuer nicht ausgehen, und sie werden eine Abscheu für alles Fleisch sein.« Hier stoßen wir auf die Vorstellung von einem ewigen Höllenfeuer, in dem die Leichen der Gottlosen schmachten.

Mit der Differenzierung zwischen Gerechten und Sündern, die ihre traditionsgeschichtlichen Wurzeln in der Weisheit ebenso wie im Kult hat und ihren historischen Hintergrund in der nachexilischen Spaltung der Gemeinde, geben die Redaktoren der Prophetenbücher älteren Heils- und Unheilsankündigungen, die dem Volk als ganzem gelten, einen neuen, individualistischen Bezug. Die Gerechten werden von den Unheilsankündigungen und die Sünder von den Heilsankündigungen ausgenommen. An der eschatologischen Heilszeit partizipieren nur die Gerechten (vgl.o. S. 19f.).

8.3 Zusammenfassung

In der eschatologischen Heilszeit wird Israel nicht mehr von der Sünde beherrscht sein. Die Verheißungen eines neuen Herzens und eines neuen Geistes haben ebenso wie die eines neuen Bundes ein neues, sündloses Volk im Blick, das den Willen Jahwes tut. Eine ganz andere Vorstellung erwartet nicht, daß Israel als ganzes einer heilvollen Zukunft entgegengeht, sondern daß es entsprechend der aktuellen Spaltung der Gemeinde eine Differenzierung zwischen Gerechten und Sündern geben wird. Die Sündlosigkeit wird hier nicht als heilszeitliche Gabe verstanden, sondern als Voraussetzung für die Gabe der Heilszeit. Damit zeigt sich erneut, wie vielfältig die Vorstellungen von der Zukunft im Alten Testament sind.

9. Die Auferstehung

Was dachte man im Alten Israel über ein Leben nach dem Tod? Grabbeigaben lassen vermuten, daß man an irgendeine Form des Weiterlebens glaubte. Einen ganz anderen Eindruck vermitteln jedoch alttestamentliche Texte, nach denen man den Tod für das endgültige Aus hielt. Die Menschen haben – so die Ätiologie von Gen 3 – nicht vom Baum des Lebens gegessen, haben deswegen kein ewiges Leben, sondern kehren nach dem Tod zum Staub zurück (Gen 3,19; Ps 30,10; 90,3). Etwas anders klingen auf den ersten Blick die Aussagen, die von einem Totenreich sprechen, doch auch sie betonen letztlich, daß mit dem Tod alles aus ist. Die Toten fahren hinab in die Grube (Ps 28,1; 30, 4; 88,5), in die Scheol, ins unbeschreibbare Totenreich (Ps 55,16; Ijob 7,9), einen Ort der Öde, von dem es keine Verbindung zur Welt, zum Leben oder auch zu Gott gibt. Es ist ein Bereich, auf den Jahwe keinen Einfluß hat und von dem aus die Toten weder mit der Welt (Ijob 14,21) noch mit Gott Kontakt haben.[35] Ijob 14,12 bringt es auf den Punkt: »So legt der Mensch sich hin, steht nie mehr auf« (vgl. Ps 88,11–13; Ijob 7,9). Neben diesen primär in der Klage anzutreffenden Aussagen gibt es – vor allem im Kontext von Vertrauensaussagen – auch eine ganz andere Linie. Nach ihr können die Toten Gott durchaus preisen, und Jahwes Macht reicht sehr wohl bis ins Totenreich.[36]
Im Rahmen eschatologischer Entwürfe kann die Vorstellung vom Tod als dem radikalen Aus nur zur Verheißung eines langen Lebens führen. So kündigt Jes 65,20 an, daß die Menschen mindestens 100 Jahre alt werden, und überbietet damit die in Ps 90 genannte Lebenserwartung von 70 und, wenn es hoch kommt, 80 Jahren.
Die andere Linie führt an wenigen späten Stellen des Alten Testaments zur Vorstellung vom Ende des Todes und darüber hinaus zur Erwartung einer leiblichen Auferstehung der Toten. Der Beter von Ps 49 ist voll Vertrauen, daß Jahwe ihn aus der Gewalt der Scheol retten wird (V. 16; vgl. Ps 73,24). In der sogenannten Jesaja-Apokalypse verheißt Jes 25,8, daß Jahwe den Tod für immer vernichten wird, und in Jes 26,19 verkündet Jahwe Israel: »Deine Toten werden leben, die Leichen stehen wieder auf.«
In der Makkabäerzeit kommt es in Israel zwischen prohellenistischen und antihellenistischen Strömungen zu einem heftigen Konflikt, in dem auch

Blut fließt und Menschen als Märtyrer ihr Leben lassen. In dieser Situation entsteht angesichts des Todes der Märtyrer die Vorstellung von der Auferstehung der Gerechten. Ezechiels Vision von der Wiederbelebung der Totengebeine (Ez 37,1–14; s.o.S. 17), die als Bild für die nationale Auferstehung Israels zu verstehen ist, erhält in V. 9 einen Zusatz, der die Vision auf die Auferstehung von Getöteten bezieht. Damit wird hier die Vorstellung von der Auferstehung der Toten im Blick auf Märtyrer entwickelt. Ganz ähnlich 2 Makk 7,9! Dort geht einer der Märtyrer, die in ihrer Standhaftigkeit der Gemeinde als Vorbild vor Augen geführt werden, mit dem vertrauensvollen Bekenntnis in den Tod, daß Gott sie kurz nach ihrem Tod zu neuem Leben erwecken wird (vgl. V. 14). Dan 12,2 kündigt demgegenüber nicht eine individuelle Auferstehung kurz nach dem jeweiligen Tod an, sondern eine kollektive, die allerdings nicht die ganze Menschheit im Blick hat, sondern speziell die Menschen, von denen das Danielbuch handelt (vgl. Dan 12,13). Die Auferstehung ist hier vermutlich als doppelte Auferstehung gedacht, d.h. nicht nur die Märtyrer werden erweckt, sondern beide Seiten – Freund und Feind, Märtyrer und Machthaber: »Von denen, die im Land des Staubes schlafen, werden viele erwachen, die einen zum ewigen Leben, die anderen zur Schmach, zu ewigem Abscheu.« Hier träumen die leidenden Gerechten von einer Umkehrung der Verhältnisse jenseits des Todes.

10. Der Beginn der Heilszeit

Bei Deuterojesaja beginnt die Heilszeit mit dem Auszug aus Babylon, bei Ezechiel mit dem Einzug der Herrlichkeit Jahwes in Jerusalem, bei Haggai mit der Einweihung des Tempels und in einigen späten Texten wie der sogenannten Jesaja-Apokalypse (Jes 24–27), Joël und Tritosacharja (Sach 12–14) mit einem großen Gericht an den Völkern. Gemein ist allen Entwürfen, daß die Heilszeit mehr oder weniger bald beginnen wird (vgl. Jes 29,17). Solche Naherwartung ist für Heilsankündigungen von grundlegender Bedeutung, da die Verheißung baldigen Heils in viel höherem Maß Hoffnung schenken oder Trost spenden kann. Wo die Naherwartung enttäuscht wird, muß das Ausbleiben des Heils allerdings erklärt werden. Dies geschieht bei Tritojesaja und Haggai. Sie halten an den hohen, von Deuterojesaja geweckten Erwartungen fest und machen für die Verzögerung – in unterschiedlicher Weise – das Verhalten des Volkes verantwortlich.
Zu Versuchen, den Beginn der Heilszeit zu berechnen, ist es erst im Danielbuch gekommen, als man diesen Beginn angesichts extremer Leiden heftiger denn je herbeisehnte. Die Berechnungen sollen in dieser Situation den Glauben festigen, daß das angekündigte Heil nicht nur bald, sondern auch gewiß kommen wird. Auf das Verstreichen des Termins reagiert man mit neuen Berechnungen. In Dan 7,25 (vgl. 9,27; 12,7) wurde zunächst in einer etwas vagen Formulierung ein Zeitraum von dreieinhalb Jahren angegeben. 8,14 präzisierte diese Angabe auf den etwas kürzeren Zeitraum von

1150 Tagen. In 12,11f. wurde diese Angabe später auf 1290 bzw. 1335 Tage korrigiert.

11. Zusammenfassung

1. In den Schilderungen der Heilszeit werden häufig Traditionen von früheren Heilstaten Jahwes aufgenommen und zum Teil auch gesteigert. Aus der Überlieferung vom Auszug aus Ägypten wird bei Hosea, Deuterojesaja und im Ezechielbuch mit je eigenen Nuancen die Ankündigung eines neuen Exodus. Aus der Überlieferung vom Sinaibund wird im Jeremia- und im Ezechielbuch die Ankündigung eines neuen, ewigen Bundes. Aus der Überlieferung von der Landnahme wird bei Hosea die Ankündigung einer neuen Landnahme und im Ezechielbuch die einer neuen Landverteilung.

Von herausragender Bedeutung ist in den Heilsschilderungen die Aufnahme der Zionstradition. Schon im Rahmen der alten Jerusalemer Theologie galt der Zion als Ort der Gottespräsenz und daraus folgend als Zentrum und Quelle allen Heils. Genau diese Rolle soll der 587 v. Chr. zerstörten Stadt nach den eschatologischen Entwürfen des Alten Testaments in Zukunft wieder zukommen. Die Zionstradition wird in exilisch-nachexilischer Zeit eschatologisiert. Man erwartet ein neues Jerusalem, viel prächtiger als das alte. Man erwartet einen neuen Tempel, viel herrlicher als den alten. Und man erwartet einen neuen Heilskönig.

In der Apokalyptik wird der Rückgriff auf die frühere Heilsgeschichte aufgegeben. Angesichts wirklich schlimmer Gegenwartserfahrungen kann man die Geschichte nur noch negativ sehen. Für die Zukunft erhoffte man, daß sie gerade nicht in Analogie zur Vergangenheit verlaufe, sondern ganz anders sei als alles bisher Gewesene. Hier wird der Bruch zwischen Gegenwart und Zukunft in den Vordergrund gerückt, und das führt zu Zukunftsvisionen, die alle Hoffnungen auf eine neue Welt, wie sie für das Alte Testament ansonsten typisch sind, aufgeben.

2. Das Alte Testament entwirft kein in sich geschlossenes Bild von der Zukunft Israels, sondern eine Fülle ganz verschiedener Bilder. Die Fülle und Verschiedenheit der Bilder zeigt, daß wir es hier nicht mit einer Prognostik zu tun haben, die genau weiß, was die Zukunft bringen wird, sondern mit dem Versuch einer Annäherung. Die Bilder stehen im alttestamentlichen Kanon nebeneinander und machen gerade in ihrer Widersprüchlichkeit deutlich, daß wir von der eschatologischen Heilszeit nur im vorsichtigen Tasten sprechen können, nicht deskriptiv, sondern nur aspektiv, nur in Bildern, die nicht abbilden, sondern allenfalls etwas aufblitzen lassen. Das Alte Testament bietet deswegen genau genommen keine Eschatologie, keine Lehre vom endgültigen Heil, sondern in der Fülle der Entwürfe eine poetische Annäherung, die allein der Souveränität Gottes gerecht wird. In einem wesentlichen Punkt sind sich jedoch alle Entwürfe einig: Es ist Gott, und zwar der gnädige und liebende Gott, der die Zukunft heraufführt und als endgültige Heilszeit gestaltet.

E. Schluß

1. *Alttestamentliche Eschatologie lebt in der Sprache der Bilder.* Hier wird nicht im Stile der Wahrsagerei ein festes Zukunftsszenarium entworfen, sondern in immer neuen Anläufen und immer neuen Farben werden Bilder gemalt, die in ihrer Vielfalt als tastende Versuche wahrgenommen werden wollen.

2. *Alttestamentliche Eschatologie ist theozentrisch.* Sie ist kein Fortschrittsoptimismus. Es geht nicht um eine Entwicklung des Menschen, nicht um die Erziehung des Menschengeschlechts oder den Fortschritt der Welt, sondern darum, daß Gott etwas Neues schafft. Er ist der Schöpfer, und alles Heil wird von ihm geschaffen. Für den Menschen bedeutet dies zweierlei: Er soll und darf wissen, daß er das Heil nicht schaffen kann, aber auch nicht zu schaffen braucht. Damit wird der Mensch von dem Druck befreit, sein Heil selber erwirken zu müssen. In der Hoffnung, ja Gewißheit, daß Gott handeln wird, ist er frei, auch frei in seinem eigenen Handeln.

3. *Alttestamentliche Eschatologie ist Soteriologie.* Im Zentrum der eschatologischen Vorstellungen des Alten Testament steht der Glaube an den Heilswillen und die Heilsmacht Gottes. Jahwe, der sich schon in Schöpfung und Geschichte als heilsmächtiger und Heil schaffender Gott offenbart hat, wird sich auch in Zukunft – und diesmal mit einer endgültigen Setzung – als Heil schaffender Gott erweisen. Die Ankündigung eines göttlichen Gerichtsaktes widerspricht dieser Zukunftsperspektive keineswegs, denn das Gericht zielt letztlich auf die Ausrottung aller Übeltäter und damit auf die Ermöglichung einer ungetrübten Heilszeit.

4. *Alttestamentliche Eschatologie ist auf Israel bezogen.* Es geht nicht um die Rettung des einzelnen, sondern um die Rettung Israels. Die Gegenwart Gottes, die Restitution Jerusalems, die Fruchtbarkeit des Landes, auch neuer Bund, neues Herz und neuer Geist – alles wird weder der Menschheit noch individuellen Menschen, sondern Israel verheißen. Individualistische Vorstellungen klingen in eschatologischen Entwürfen nur dort an, wo innerhalb Israels zwischen Gerechten und Sündern geschieden wird. Von Universalismus kann man nur dort sprechen, wo die Völker in das Heil einbezogen werden, aber das Heil, an dem sie partizipieren, bleibt – in der Regel – das Heil Israels mit Jerusalem als Zentrum.

5. *Alttestamentliche Eschatologie ist* – wie alle Eschatologie – *gegenwartskritisch.* In der Vision von einer heilvollen Welt werden die Mängel und wird auch die Vorläufigkeit der bestehenden Verhältnisse zur Sprache gebracht. Hier wird deutlich, wie sehr wir nur im Vorletzten leben – ein Gedanke, der aus dem Bewußtsein der westlichen Überflußwelt verschwunden ist.

6. *Alttestamentliche Eschatologie ist auf das Diesseits bezogen.* Sie verheißt das Ende – aber nicht das Ende der Welt, sondern das Ende von Hunger und

Durst, von Kriegen und Katastrophen, von Sünde und Trauer, kurz das Ende aller Übel in dieser Welt. Damit nimmt alttestamentliche Eschatologie die Nöte der Menschen in dieser Welt ernst. Sie protestiert ganz radikal gegen alle Mißstände dieser Welt und stiftet zugleich Hoffnung nicht nur auf eine bessere, sondern auf eine wirklich gute Welt.

7. *Alttestamentliche Eschatologie schenkt* – wie alle Eschatologie – *Hoffnung*, mehr noch: sie schenkt *Gewißheit*, da die Hoffnung auf der Verheißung Jahwes beruht. Die Hoffnung als Gewißheit ist lebenswichtig, denn sie ermöglicht Leben und Überleben, wo die Gegenwart nur Grund zur Verzweiflung bietet.

8. *Alttestamentliche Eschatologie bietet eine Vorgabe für die Ethik.* Am eschatologischen Handeln Gottes zeigt sich der Wille Gottes mit der Welt. Er will das Wohl und Heil dieser Welt. Diesem Willen Gottes muß menschliches Handeln entsprechen. Das heißt: es muß so geartet sein, daß es auf das Wohl und Heil dieser Welt zielt. Der Verheißung, daß die Gebote in der eschatologischen Heilszeit erfüllt werden, entspricht der Imperativ, sie schon jetzt zu erfüllen. Der Verheißung eines weltweiten Friedensreichs entspricht der Imperativ, schon jetzt weltweit Frieden zu schließen. Der Verheißung, daß Gott gegen Unrecht, Elend und Krankheit angehen wird, entspricht der Imperativ, schon jetzt gegen Unrecht, Elend und Krankheit anzugehen. Was werden soll, sollte jetzt schon werden. In diesem Sinn ist die alttestamentliche Verheißung einer Zeitenwende auch für unser Handeln heute an der Schwelle zum 3. Jahrtausend von aktueller Relevanz. Ohne die Vision vom verheißenen Frieden kann man nicht täglich am Frieden arbeiten.

Neues Testament

Roman Kühschelm

Eine »Zeitenwende« wird im gemeinchristlichen Verständnis zumeist mit dem »Jüngsten Tag«, der Parusie Christi, der dann stattfindenden Auferstehung der Toten und dem Gericht über Lebende wie Tote assoziiert, das die letzte Entscheidung über die Zukunft der Menschen und der Welt bringt. Diese stark von apokalyptischen Ideen beherrschte Sicht hat ihren Ursprung in der Vorstellungs- und Bilderwelt des Neuen Testaments; sie hat sich in den Glaubensbekenntnissen, in der Ikonographie und etwa auch in der mittelalterlichen Reimsequenz »Dies irae« (12./13. Jahrhundert) mit ihren machtvollen Bildern niedergeschlagen. Auch wenn in den letzten Jahrzehnten aufgrund neuerer exegetischer und systematischer Einsichten in das Wesen eschatologischer Aussagen die schreckenerregende Sicht von den »Letzten Dingen« und vom »Tag des Zornes« relativiert und wieder der freudig-hoffnungsvolle urchristliche Gebetsruf »Maranatha« in den Vordergrund gerückt wurde, beherrschen solche Vorstellungen immer noch bzw. angesichts des »magischen« Datums 2000 von neuem die landläufige Erwartung. Dabei wird übersehen, daß eine »Zeitenwende« im Neuen Testament in einer bunten Fülle von Vorstellungen thematisiert und schon mit Jesu Auftreten sowie besonders mit Ostern verbunden wird. Die »Zeitenwende« am Ende aller Geschichte ist demgegenüber nur Aufgipfelung und letzte Konsequenz dessen, was im Christusereignis schon geschehen ist.

Die neutestamentliche Eschatologie ist wesentlich von der Apokalyptik beeinflußt (zu den Begriffen vgl. AT-Teil A.1). Umfang und Stellenwert der im Neuen Testament verarbeiteten apokalyptischen Anschauungen werden allerdings diskutiert. Ob Jesu Auftreten apokalyptisch zu begreifen und ob damit ein vorösterlicher Anhalt für die nachösterliche apokalyptische Deutung gegeben ist, bleibt umstritten. Jedenfalls wurde in der Urkirche die Auferweckung Jesu als eschatologische Zeitenwende begriffen, d.h. als neues Handeln Gottes, mit dem die für das »Ende der Tage« erhoffte Totenauferstehung, somit die Überwindung des Todes und der Anbruch des neuen Äons (in paradoxem Nebeneinander mit dem alten) bereits eingetreten, aber noch nicht zur letzten Vollendung gekommen ist. Dieser Glaube an Jesu Auferstehung stand unter dem Einfluß verbreiteter apokalyptischer Erwartungen und löste daher Zukunftshoffnungen mit starker Naherwartung aus. Gleichzeitig entstand aus derselben Überzeugung die Vorstellung, daß das Heil schon gegenwärtig sei (präsentische Eschatologie). Das Ausbleiben der Parusie führte deshalb auch zu keiner radikalen Krise. Außerdem resultierte daraus das Bewußtsein, daß dieses die gesamte Welt betreffende Ereignis allen Völkern vermittelt werden müsse.

Eine systematische Konzeption der Eschatologie ist im Neuen Testament (wie im Alten Testament) nicht zu finden, sondern nur eine Vielfalt von auswahlhaften, aspektiven Vorstellungen, Motiven und Bildern, die angesichts verschiedener Fragestellungen und Probleme die Grundüberzeugung von der in Jesus Christus stattgefundenen Zeitenwende und die daraus sich ergebende Hoffnung zu entfalten suchen. Die Konstante aller eschatologischen Aussagen des Neuen Testaments bildet also die Christologie: Was in

Christus geschehen ist, bestimmt das, was kommen wird. Zugleich erschließt sich das in Christus Ereignete (und schon gegenwärtig Gültige) erst endgültig im Kommenden. Damit entsteht eine fruchtbare Spannung von Schon und Noch-Nicht, die nach keiner Seite einfach aufzulösen ist.

Dem neutestamentlichen Befund gemäß sollen die (in etwa) chronologisch dargebotenen Entwürfe sogleich mit ihren inhaltlichen Vorstellungen verknüpft werden. Am Beginn steht die Zeitenwende in Verkündigung und Wirken Jesu (in Anknüpfung und Widerspruch zur Botschaft des Täufers). Darauf werden ältere und jüngere Traditionen behandelt, die Ostern (mit Pfingsten im Gefolge) als Zeitenwende thematisieren. Als Reaktion auf das Osterereignis sollen sodann stärker futurisch-apokalyptische Vorstellungen zur Sprache kommen. Schließlich werden präsentisch-eschatologische Ansätze vorgestellt, die in ihrer Weise auf das Osterereignis reagieren. Zum Schluß sollen die wichtigsten Einsichten resümiert werden.

A. Gerichtsankündigung bei Johannes dem Täufer

An den Wurzeln des Christentums steht die von Jesus in Wort und Tat verkündete Zeitenwende-Botschaft von der anbrechend-angebrochenen Gottesherrschaft bzw. vom Gottesreich (*basileia tou theou*). Diese ist aber erst vor dem Hintergrund der Verkündigung Johannes des Täufers zu verstehen, an die Jesus anknüpft und der er zugleich widerspricht.

Als das Unverwechselbare der Botschaft des Täufers läßt sich aus der (urchristlich überarbeiteten) Tradition die Ansage des unmittelbar andrängenden Gerichts Gottes erheben. Im Zentrum seiner Predigt steht das in allernächster Zukunft erwartete Ende der Geschichte. Johannes vertritt damit eine Nächsterwartung, die sogar noch die Apokalyptik übertrifft. In drastischen Bildern stellt er die Unaufhaltsamkeit und Bedrohlichkeit des Zorngerichts, das bei Gott beschlossen ist, vor Augen (Mt 3,7b.9f.):

7b Ihr Schlangenbrut, wer hat euch denn gelehrt,
   daß ihr dem kommenden Gericht entrinnen könnt? ...
9 und meint nicht, ihr könntet sagen: Wir haben ja Abraham zum Vater.
   Denn ich sage euch: Gott kann aus diesen Steinen Kinder Abrahams machen.
10 Schon ist die Axt an die Wurzel der Bäume gelegt;
   jeder Baum, der keine gute Frucht hervorbringt,
   wird umgehauen und ins Feuer geworfen.

Mit dem erwarteten Ende wird der göttliche Zorn über sein Volk hereinbrechen. Dieser verwirklicht sich als vernichtendes Feuergericht (vgl. Am 7,4; Jer 21,12; Jes 66,15f.), dem keiner entrinnen kann. Die Zugehörigkeit zum Volk Israel hat keine Bedeutung mehr; der Verweis auf die Abrahamskindschaft nützt nichts. Die Heilsgarantien sind aufgebraucht, der point of no return ist überschritten, der Mensch hat nur noch die endzeitliche Katastrophe vor sich.

Angesichts des unmittelbar bevorstehenden Gerichts gibt es nach Johannes eine allerletzte Rettungschance: dem kommenden Gericht Gottes vorbehaltlos rechtzugeben, radikal umzukehren und dies im Sündenbekenntnis sowie im Empfang der Wassertaufe im Jordan zu verifizieren. Diese »Taufe der Umkehr zur Vergebung der Sünden« (Mk 1,4) garantiert nicht von selbst die Sündenvergebung, sondern ist gleichsam das Siegel auf die gezeigte Umkehrbereitschaft, dabei aber doch so etwas wie ein eschatologisches Sakrament, das vor dem Zorngericht Gottes rettet. Sie steht allerdings in der kurzen verbleibenden Zeit bis zum Ende unter der Mahnung: »Bringt also Frucht hervor, die eurer Umkehr würdig ist!« (Mt 3,8). Wenn die Frucht ausbliebe, verlöre die Taufe ihren Sinn.

Vermutlich hat der Täufer die Durchführung des Gerichts (evtl. in Anlehnung an Mal 3) von einem Geist- und Feuertäufer erwartet, der ihm, dem mit Wasser taufenden Johannes, folgen sollte (Mt 3,11f.):

11 Ich taufe euch nur mit Wasser (zum Zeichen) der Umkehr.
Der aber, der nach mir kommt, ist stärker als ich,
und ich bin es nicht wert, ihm die Schuhe auszuziehen.
Er wird euch mit dem Heiligen Geist und mit Feuer taufen.
12 Schon hält er die Schaufel in der Hand;
er wird die Spreu vom Weizen trennen
und den Weizen in seine Scheune bringen;
die Spreu aber wird er in nie erlöschendem Feuer verbrennen.

Der kommende Stärkere wird demnach das Wirken des Täufers (Gerichtsansage und letztes Heilsangebot) überbietend einlösen: Er wird über die Nicht-Bekehrten das Endgericht (Feuertaufe) vollziehen und über die Bekehrten, mit der Johannestaufe Versiegelten, den Geist ausgießen (vgl. Ez 36,25–27; Joël 3; 1QS 4,21). Ob der Täufer in ihm Gott selber oder eine messianische Gestalt angekündigt hat, bleibt umstritten. Die ersten Christen haben das später jedenfalls auf Jesus bezogen und in Johannes seinen Vorläufer gesehen (Mk 1,7; Joh 1,26f.29f.).

»Zeitenwende« bedeutet bei Johannes die Wende durch das unmittelbar bevorstehende, unentrinnbare Gericht Gottes. Das klingt stark apokalyptisch, doch fehlt beim Täufer die Vorstellung vom totalen Untergang dieser Welt und die Erwartung eines völlig neuen Äons. Damit steht er der klassischen Prophetie noch recht nahe (vgl. seine Zeichnung in Anlehnung an Elija und die Nähe zu Am 5,16–20; 9,7f.). Jesus gründet auf dieser Gerichtsbotschaft des Täufers, er akzeptiert sie mit seiner Taufe und greift sie in seiner Verkündigung verschiedentlich auf. Wie er sich aber örtlich von Johannes absetzt (vgl. Mk 1,14a), so polt er auch den Kern der Botschaft des Täufers um und definiert die Zeitenwende konträr.

B. Jesu Botschaft von der Gottesherrschaft

Wie der Täufer hat auch Jesus in Israel ein sündiges Geschlecht gesehen, seine Zuhörer mit dem Hinweis auf ein künftiges Gericht gewarnt und zur Umkehr aufgefordert.[1] Seine eigentliche Auffassung ist aber über das Zentrum seiner Verkündigung zu erschließen. Und dabei wird doch eine deutliche Akzentverschiebung gegenüber Johannes deutlich.

1. Die Verkündigung der angebrochenen Gottesherrschaft

Im Unterschied zum Täufer stellt Jesus die frohmachende Botschaft (urkirchlich *euangelion* genannt) von Gottes gnadenvoll-rettender Zuwendung zu seinem Volk in den Vordergrund (Mk 1,14f.; Lk 4,18f.21 u.ö.) und betont erst von daher die notwendige Umkehr als Sich-Einlassen auf die positive Zusage von Gottes rettendem Kommen. Nicht ist die Umkehr Voraussetzung des Heils, sondern Gottes gnadenvolles Entgegenkommen bewirkt die Umkehr, die einfach darin besteht, sich die neue Wirklichkeit wie ein Kind schenken zu lassen (Mk 10,13–16 par.; Lk 19,5–10). Wohl in Anknüpfung an Deuterojesaja (vgl. AT-Teil D.1) verkündet Jesus den Anbruch von Gottes Königsherrschaft und -reich. Mk 1,14f. faßt diese Botschaft zusammen:

14 Nachdem aber Johannes überliefert war, kam Jesus nach Galiläa,
 predigte das Evangelium Gottes
15 und sagte:
 Erfüllt ist die Zeit und nahegekommen die Königsherrschaft Gottes.
 Kehrt um und glaubt an das Evangelium!

Markus schildert hier Jesu Auftreten nach Art eines beauftragten Boten unter deutlicher Bezugnahme auf den »Freudenboten« von Jes 52,7. Wie dieser Frieden ankündigt, frohe Botschaft bringt, Rettung verheißt und zu Zion sagt: »Dein Gott ist König«, so heißt es nun von Jesus, daß er, den Täufer ablösend, das »Evangelium Gottes« verkündet, d.h. die Botschaft, daß Gott im Begriff ist, sich als König zu erweisen und durchzusetzen, seinem Volk umfassenden Frieden, Befreiung aus der Unterdrückung und Rettung zu verschaffen. Auch wenn das programmatische Summarium urkirchlich geprägt erscheint[2], gehen die Intention und der Kern dieser Worte (v. a. das Nahegekommensein der Basileia und die Umkehr) zweifellos auf Jesus zurück und dürfen als authentische Zusammenfassung seiner Botschaft, seines Anspruchs, ja seines gesamten Wirkens gelten.
Die Kernaussage »nahegekommen ist die Basileia Gottes« markiert im Verständnis Jesu eine Zeitenwende, die mit seinem Auftreten schon begonnen

hat. Die Gegenwart ist demnach durch die ankommende Gottesherrschaft qualifiziert. Diese ist zunächst eine Größe der Zukunft, deren endgültiges Kommen noch aussteht, in die man erst eingehen wird (Mk 9,47; 10,15.25), um deren Kommen man bitten muß (Lk 11,2 par.), die als endzeitliches Heilsmahl erwartet wird (Mt 8,11; Mk 14,25). In diesem Sinne zeigt der Ausdruck »nahegekommen« die Spannung von Schon (Gegenwärtigkeit) und Noch-Nicht (künftiger Vollerfüllung) an. Allerdings besagt er zugleich, daß zwischen der Gegenwart und dem Kommen der Basileia Gottes keine Kluft besteht. Sie kommt nicht erst, wenn dieser Äon einmal vergangen ist. Vielmehr ist sie so nahegekommen, daß sie in die Gegenwart eindrängt. Gegenwart und Zukunft sind gleichsam »kurzgeschlossen«, die Gegenwart ist schon Anbruch der Endzeit.

Das unmittelbare Nahegekommensein der Gottesherrschaft wird v. a. in Jesus selbst deutlich: er predigt nicht nur Gottes Nähe und rettende Zuwendung, sondern setzt sie in seiner Person konkret und wirksam präsent. Weitere Worte wie auch Jesu Wunder können das verdeutlichen. Lk 11,20 etwa sagt: »Wenn ich aber die Dämonen durch den Finger Gottes austreibe, dann ist... das Reich Gottes schon zu euch gekommen.«[3] Der alttestamentlich geprägte Ausdruck »Finger Gottes« hält dabei das unmittelbare Eingreifen Gottes im Tun Jesu fest. Das Verb »(an-)gekommen« schließt Gegenwart und Zukunft zusammen: In Jesu Exorzismen hat die kommende Basileia Gottes die Gegenwart eingeholt; eine neue Zeit ist damit angebrochen.[4]

Wie die Seligpreisung Lk 6,20 programmatisch zu verstehen gibt und die stark urkirchlich geprägte Antrittsrede Lk 4,17–21 verdeutlicht, wendet sich Jesus mit seiner Botschaft – alttestamentlichen Erwartungen gemäß (vgl. Jes 61,1f.; 58,6; Lev 25,10) – besonders an die Armen, Zu-kurz-Gekommenen, Entmutigten und Zerschlagenen. Ihnen wird ein in Jesus gegenwärtiges »Gnadenjahr des Herrn« verkündet (vgl. den »Heilandsruf« Mt 11,28). Sein ganzes Verhalten, v. a. sein Umgang mit sozial und religiös Deklassierten, mit Frauen, Zöllnern und Sündern, sowie sein Wunderwirken in Heilungen und Exorzismen, das Gottes rettende Zuwendung zeigt, Leben und Zukunft gerade den Bedrängten und Verlorenen zuspricht, verdeutlicht die angesagte Zeitenwende.[5]

Wie Jesus zu dieser vom Täufer verschiedenen Einstellung und zu der Gewißheit kam, daß sich in und mit ihm eine Zeitenwende vollzieht, macht das Neue Testament kaum deutlich. Allenfalls mag im mythisch klingenden Logion Lk 10,18 ein Reflex davon vorliegen: »Ich sah den Satan wie einen Blitz vom Himmel fallen« (vgl. Joh 12,31). Darin bekundet sich wohl eine grundlegende Einsicht, die unmittelbar mit Jesu Verkündigung zusammenhängt, vielleicht sogar eine als Berufung zu qualifizierende Vision.[6] Gottes heilvoller Herrschaftsantritt, den Jesus in Person repräsentiert, bedeutet als Überwindung der Herrschaft des Bösen (in Satan personifiziert) einen Wechsel der Zeiten. Das Bildwort von der Fesselung des »Starken« (Mk 3,27 par.; Lk 11,21f.) unterstreicht das. In diesem Sinn kann Jesus auch seine

Exorzismen (vgl. Lk 11,20 par.) und Krankenheilungen (Lk 13,16) deuten. Die Überwindung der Satansherrschaft bedeutet letztlich die Überwindung der Macht des Todes durch Gottes rettende Lebensmacht (vgl. Ps 68,21), wie auch die bisweilen zu Totenerweckungen gesteigerten Heilungen Jesu (vgl. Mk 5,21–43 par.; Lk 7,11–17) zeigen.

2. Anspruch und Widerlegung von Einwänden

Daß die mit Gottes Basileia gekommene Zeitenwende eine Existenzwende bedeutet, sagt nicht nur das Summarium Mk 1,15, sondern auch das Doppelgleichnis vom Schatz im Acker und dem Perlenkaufmann Mt 13,44–46. Angesichts des glück- und geschenkhaft zugefallenen Fundes liegt alles daran, bisherige Interessen aufzugeben und sich konsequent in den endgültigen Besitz des überragenden Schatzes zu bringen. Gemäß den Sprüchen vom Nicht-Sorgen Mt 6,25–34 par. zeigen Vögel des Himmels und Lilien des Feldes, daß das Suchen der Basileia über alle bisherigen Lebensinteressen zu stellen ist und dabei doch die Zuversicht gibt, daß einem alles Notwendige hinzugegeben wird (vgl. Mt 6,11 par.). Die Parabel vom unbarmherzigen Knecht Mt 18,23–35 macht klar, daß angesichts des von Gott erfahrenen überwältigenden Erbarmens das alte Weltverhalten einfach ungehörig, ja absurd geworden ist. Da es die Konsequenz aus der erfahrenen Vergebung verweigert, hat es mit dem Gericht zu rechnen. Die Parabel von den Arbeitern im Weinberg Mt 20,1–16 setzt voraus, daß in der Basileia nicht mehr die üblichen Kriterien von Leistung und Lohn, Ersten und Letzten gelten, sondern daß Gottes Güte alle zu Ersten machen will. Angesichts dessen kann kein Auge mehr »böse« sein.

Rechnen die eben erwähnten Worte mit Widerstand gegen die radikalen Konsequenzen aus der angesagten Gottesherrschaft, so ringt Jesus auch mit Einwänden, die auf die Unscheinbarkeit, Unerkennbarkeit oder das Ausbleiben der Basileia verweisen. Darauf suchen jene Texte zu antworten, die von einem notwendigen Wachstum der Basileia, von einer dynamischen Ausrichtung auf die künftige Vollgestalt (vgl. auch Mt 6,10) sprechen. Das Gleichnis vom Senfkorn Mk 4,30–32 par. etwa stellt dem unscheinbaren Anfang das großartige Ende gegenüber, das sich in unaufhaltsamem Wachstum entwickelt; deshalb ist schon im kleinen Beginn die Gottesherrschaft gegenwärtig (ähnlich das Gleichnis vom Sauerteig Mt 13,33 par.). Das Gleichnis von der selbstwachsenden Saat Mk 4,26–29 sagt: Sobald der Anfang gemacht ist, setzt ein von Gott geschenktes, zielstrebiges Wachstum ein, welches die Vollgestalt des Erntestadiums garantiert. Der Text schenkt Zuversicht, aber auch Gelassenheit im Wissen, daß die Basileia Zeit zum Wachsen braucht. Die Parabel vom Sämann Mk 4,3–9 par. kontrastiert den eklatanten Mißerfolg mit dem sich dennoch einstellenden, überragenden Erfolg. Sie zeugt von der auch angesichts von Widerstand und Mißerfolg durchgehaltenen Zuversicht Jesu, daß der von ihm verkündeten Basileia ein überwältigender Erfolg beschieden sein wird. Dieselbe Gewißheit spricht noch aus dem Logion Mk 14,25, das als historisch sicherstes Abendmahlswort gilt: »Amen, ich sage euch: Ich werde nicht mehr von der Frucht des Weinstocks trinken bis zu dem Tag, an dem ich von neuem davon trinke im Reich Gottes.« Selbst im Wissen um sein baldiges Sterben ist Jesus überzeugt, daß seine Verkündigung nicht durch seinen Tod widerlegt, sondern ihre Erfüllung finden wird beim Mahl im Reich Gottes (vgl. Mt 8,11; Jes 25,6).

3. Das eschatologische Gericht als Konsequenz der Verweigerung

Wenn die Verkündigung der angebrochenen Basileia nicht akzeptiert wird, ist das Gericht die Folge. In diesem Sinn kann Jesus (in prophetischer Tradition und mit apokalyptischen Vorstellungen) harte Gerichtsworte und Weherufe formulieren.[7] So folgt etwa auf das Logion Lk 11,29f., das »dieser Generation« als »Zeichen des Jona« das Gericht ankündigt, mit Lk 11,31f. par. ein im Kern jesuanischer Doppelspruch:

31 Die Königin des Südens wird beim Gericht
    gegen die Männer dieser Generation auftreten und sie verurteilen;
    denn sie kam vom Ende der Erde, um die Weisheit Salomos zu hören.
    Hier aber ist einer, der mehr ist als Salomo.
32 Die Männer von Ninive werden beim Gericht
    gegen diese Generation auftreten und sie verurteilen;
    denn sie haben sich nach der Predigt des Jona bekehrt.
    Hier aber ist einer, der mehr ist als Jona.

Die Heiden, die auf Autoritäten der Vorzeit hörten, werden beim Endgericht die Verurteilung der jetzt sich Verweigernden erwirken. Denn Jesus, der »dieser Generation« den Anbruch der Basileia Gottes verkündet, ist eine größere Autorität als die Weisheitslehrer und Propheten der alten Zeit, mit ihm ist etwas Neues eingetreten, das die Vergangenheit in den Schatten stellt. Diese Einsicht zu verweigern, bedeutet Schuld.
Eine ähnliche Gerichtsansage für die Verweigerung gegenüber Jesu Botschaft bieten die Weherufe über die Städte Galiläas Lk 10,13–15 par.: Für die Ablehnung der Botschaft von der angebrochenen Basileia und die Verweigerung gegenüber seinem Anspruch droht Jesus – in prophetisch-apokalyptischer Rede – das Gericht und das Hinabgeworfenwerden in die Unterwelt (nach damaligem Verständnis identisch mit der Hölle) an. Auch andere Logien (etwa Lk 12,4f.par.; Mk 9,43–47 par.) zeigen, daß Jesus als Mensch seiner Zeit seine Verkündigung und den damit verbundenen Anspruch auch im Sprachspiel der Apokalyptik vorgetragen hat. Ihn deswegen einen Apokalyptiker zu nennen, wäre aber wohl überzogen. Er verkündet Apokalyptisches, aber unapokalyptisch. Es fehlt bei ihm das Denken im Zwei-Äonen-Schema (die entsprechende neutestamentliche Terminologie geht auf die Urkirche zurück). Für Jesus ist die Gegenwart nicht einfach total verkommen, so daß sie nur noch durch einen bald anbrechenden neuen Äon ersetzt werden könnte. Vielmehr ist für ihn die entscheidende Wende

schon erfolgt. Die neue Welt ist nicht eine jenseitige, in nächster Zukunft von Gott her erwartete Größe, sondern hat jetzt schon begonnen, um sich in Bälde zu vollenden. Jesu Basileia-Verkündigung konzentriert sich nicht – wiewohl sie den Gerichtsgedanken kennt – auf das Ende der Geschichte, sondern auf ihre schon begonnene Verwandlung durch die unaufhaltsam sich durchsetzende, befreiende Kraft Gottes. Man kann diese Auffassung in die Nähe der apokalyptischen Erwartung einer anbrechenden Endzeit rücken, aber man darf nicht übersehen, daß es Jesus gegen apokalyptischen Usus abgelehnt hat, Zeitangaben zu machen und den Termin der kommenden Vollendung zu berechnen (Mk 13,32; Lk 17,20; vgl. Apg 1,6f.). Die »Terminworte« (Mk 9,1; 13,30; Mt 10,23) sind wahrscheinlich nachösterliche Bildungen, die die Dringlichkeit der Bekehrung unterstreichen und bedrängten Verkündern Trost spenden sollen. Inwieweit Jesus über die für die nächste Zukunft erwartete Vollendung der Basileia bzw. das Gericht in der von Dan 7,13f. inspirierten Vorstellung vom Kommen des Menschensohnes auf den Wolken des Himmels gesprochen hat, ist umstritten. Am ehesten darf das Logion Lk 12,8f. Authentizität beanspruchen, da es von Jesus und dem himmlischen Menschensohn als zwei unterschiedlichen Gestalten spricht, dabei aber die vor Gott fallende Entscheidung über die Zukunft des Menschen von der Stellung zu Jesus abhängig macht. Wahrscheinlich hat Jesus zudem wie die Pharisäer, doch im Detail abweichend, eine Auferstehung der Toten als Überwindung der Todesmacht Satans erwartet (vgl. Mk 12,18–27).

4. Jesu Tod als Infragestellung seiner Verkündigung

Spätestens seit dem Propheten Jeremia gehören Botschaft und persönliches Prophetengeschick zusammen. Das gilt in erhöhtem Maße auch für Jesus. Er hatte ja nicht nur (wie der Täufer) eine Zeitenwende im baldigen Kommen Gottes angesagt, sondern sich selbst als Repräsentanten Gottes verstanden, in dessen Verkündigen und Wirken Gottes Herrschaft schon angebrochen ist (z.B. Lk 11,20). Er hatte die endgültige Zukunft des Menschen von der Stellung zu seiner Person abhängig gemacht (Lk 12,8f. u.ö.), sich quer zu seiner Zeit gestellt, im Namen Gottes die Annahme der Verlorenen verkündet und um der proklamierten Basileia willen die auf Gott zurückgeführten Traditionen und Institutionen kritisiert.
Da Jesus den Verbrechertod am Kreuz starb, war für die offiziellen Vertreter des Judentums die Deutung seiner Person und seines Anspruchs klar: Er war ein Pseudoprophet, Volksverführer und von Gott Verfluchter (vgl. Dtn 21,22f.). Aber auch seine Anhänger und Jünger, die an seine Botschaft glaubten, mußten durch seinen Tod in eine Krise geraten (vgl. Lk 24,21). Wenn Jesus starb, war dann nicht seine Verkündigung vom erbarmend und befreiend genannten Gott hinfällig geworden? War nicht sein Versuch, Gottes Heil vom apokalyptischen Jenseits in diese Zeit und Geschichte zu holen, kläglich gescheitert? War seine bis zuletzt aufrecht erhaltene Hoffnung

auf die baldige Vollendung der Basileia (Mk 14,25) nun nicht obsolet? – Hoffnung konnte sich erst wieder so begründen, daß der Gott Jesu in seiner Verlorenheit zu ihm stand, ihn aus dem Tod errettete und bestätigte. Genau das aber wurde zu Ostern erfahren. Der von Gott Auferweckte und damit in seiner Verkündigung und seinem Anspruch Rehabilitierte wird zum Realsymbol und Garanten der endgültig erfolgten Zeitenwende. In ihm selbst hat Gott den Anbruch seiner Basileia bestätigt und verbürgte Hoffnung auf deren endgültige Vollendung gegeben.

C. Ostern und Geisterfahrung als Zeitenwende

Nach den ältesten neutestamentlichen Schriften ist zweierlei für die urchristliche Gemeinde charakteristisch: die Ostertradition, die sich in ältesten Bekenntnissen dokumentiert, und die Überzeugung, durch Glaube und Taufe den Geist zu besitzen. Beides ist Ausdruck einer erfahrenen Zeitenwende.

1. Zeitenwende nach der ältesten Ostertradition

Das Wort vom Kreuzestod Jesu blieb nicht das letzte. Jüngerinnen und Jünger, schließlich auch Paulus, behaupteten aufgrund einer besonderen Erfahrung: »Gott hat Jesus von den Toten auferweckt« bzw. »er/Christus stand auf/wurde von den Toten auferweckt«.[8] Zu beachten ist dabei zum einen, daß auch die christologischen Bekenntnisformeln (etwa 1 Thess 4,14) Gott als im Geschick Jesu Handelnden voraussetzen; zum anderen, daß dabei Verben mit alltäglicher Bedeutung (aufrichten/aufstehen; aufwecken/aufwachen) metaphorisch verwendet werden, um Zeit und Geschichte Transzendierendes, Endgültiges auszusagen (eschatologische Überwindung des Todes, Anbruch einer neuen Zeit und Welt).
Besonders die eingliedrige theologische Formel (etwa Röm 4,24b; 10,9b) hat ihre nächsten Parallelen in der alttestamentlich-jüdischen Literatur: »Gott, der Himmel und Erde geschaffen hat«/»der euch aus Ägypten herausgeführt hat«/»der du die Toten lebendig machst«.[9] Das Bekenntnis »Gott hat Jesus von den Toten auferweckt« ist demnach genauso fundamental wie das Bekenntnis Israels und besagt: Gott hat in Fortführung und Überbietung seines Schöpfungs- und Rettungshandelns gerade an diesem in den Augen der Welt gescheiterten Jesus in einzigartiger Weise eschatologisch gehandelt, hat ihn gerettet und rehabilitiert, ihm endgültiges Leben geschenkt und ihn damit, wie bald ausgedeutet wurde, zum »Herrn und Messias/Christus« gemacht, als »Sohn Gottes in Macht« zu seiner Rechten erhöht (vgl. Apg 2,36; Röm 1,3f.). Gott hat damit aber auch sich selbst als den Gott erwiesen, den Jesus als Retter der Verlorenen verkündete. Dieses Bekenntnis bedeutete zudem die Inanspruchnahme apokalyptischer Auferstehungshoffnung für Jesus. Im Judentum und in der Apokalyptik war man überzeugt, daß Gott seine treuen Zeugen nicht der Vernichtung überläßt, sondern sie auferwecken wird, damit ihr Recht offenkundig werde (Dan 12,2f.; 2 Makk 7,9.11.14.23 u.ö.). Wenn sich diese eschatologische Hoffnung an Jesus erfüllt hat, heißt das: Die Endzeit ist bereits angebrochen.[10] Natürlich war das erste österliche Bekenntnis zunächst eine Aussage über den Gott Jesu bzw. über Jesus selbst. Als apokalyptische Zeitenwende-Aussage war es aber zugleich

von allgemeiner Bedeutung: Jesus ist »Erstling der Entschlafenen« (1 Kor 15,20), »Erstgeborener unter vielen Brüdern« (Röm 8,29), »Erstgeborener aus den Toten« (Kol 1,18b), Garant für ein analoges Handeln Gottes an allen Glaubenden (Apg 4,12).

2. Geistbegabung als Ausdruck der Zeitenwende

Kennzeichnend für die Urkirche ist auch die Überzeugung, daß alle Christen den Geist haben. Während der Jesus der synoptischen Tradition nur spärlich (oft nachträglich) mit Geistworten in Verbindung gebracht wird (etwa Mk 13,11 par.), sind einige Ostertraditionen eng mit Geistaussagen verknüpft. Für Paulus gehören Gemeinde und Geist einfach zusammen; auch sind Geisterfahrungen im Neuen Testament des öfteren beschrieben.[11] Die älteste Deutung solcher Geisterfahrung könnte in 1 Thess 4,8f. vorliegen, wo mit Ez 36,26f. und Jer 31,33f. auf die Tradition von der Neuschaffung des Volkes durch den von Gott geschenkten Geist der eschatologischen Heilszeit zurückgegriffen wird (vgl. AT-Teil D.8). Damit wird auch die Deutung von Pfingsten mit Joël 3 in Apg 2,17f. alte Tradition darstellen, zumal prophetisches Reden von »Söhnen und Töchtern« für die frühen Gemeinden erwiesen ist (1 Kor 11,4f.). Die Geisterfahrung ist also endzeitliches Ereignis, Ausdruck der erfolgten Zeitenwende (vgl. Röm 8,23; 2 Kor 5,5). Sie bestätigt den von Jesus verkündeten Anbruch der Basileia Gottes und erfüllt die frühjüdische Erwartung[12], das endzeitlich erneuerte Gottesvolk werde insgesamt den Geist besitzen.

Das Bewußtsein der Urkirche, Gemeinde der Endzeit zu sein, gründet demnach in einem Doppelten: Die Ostererfahrung bestätigt ihr, daß Gott sich endgültig als der erwiesen hat, der den verlorenen Menschen annimmt und ihm Zukunft gibt. Die Geistbegabung aller gilt ihr als von Gott geschenkte, endzeitlich-schöpferische Veränderung des Menschen. Beides zusammen zeigt, daß die Gegenwart vom Eschaton schon eingeholt ist.

3. Die Einheit aller in Christus und die neue Schöpfung

Von Jesus über die Ostererfahrungen bis zu den frühesten Gemeinden war eine Konzentration auf Israel gegeben. Aber wie schon die Propheten für die eschatologische Heilszeit eine Teilhabe der Völker am Heil Israels ansagten (vgl. AT-Teil D.7.1.3), so legte auch Jesus seine Basileiabotschaft grenzüberschreitend an und relativierte das Gesetz sowie dessen tragende Institutionen. Der Stephanuskreis (Apg 6f.; 11,19ff.) wie auch Paulus mit seinem Plädoyer für eine gesetzesfreie Heidenmission überschritten dann konsequent Israels Grenzen. Die Begabung auch heidenchristlicher Gemeinden mit dem endzeitlichen Geist führte zu ihrer vollen Anerkennung (vgl. Gal 2,7–9; Apg 15). Wenn der Auferstandene als von Gott bestätigter Messias seine Herrschaft im Geist ausübte, forderte das die universale endzeitliche Völkermission. Diese Überzeugung steht hinter der Grundsatz-erklärung Gal 3,26–28:

26 Ihr seid alle durch den Glauben Söhne Gottes in Christus Jesus.
27 Denn ihr alle, die ihr auf Christus getauft seid,
   habt Christus (als Gewand) angelegt.
28 Es gibt nicht mehr Juden und Griechen,
   nicht Sklaven und Freie, nicht Mann und Frau;
   denn ihr alle seid »einer« in Christus Jesus.

Hier wird der Zusammenhang von Taufe und Sohnschaft bedacht, doch ist in diesem die Geistbegabung impliziert (vgl. 1 Kor 12,12f.; Röm 8,14f.). Taufe, Geist und Sohnschaft sind Ausdruck unmittelbarer Zugehörigkeit zu Christus und damit zu seiner endzeitlichen Heilsgemeinde, die in ihm eins ist. Heilsgeschichtliche Differenzen, soziale Gegensätze, schöpfungsmäßige Unterschiede sind zwar nicht einfach aufgehoben, aber für das Christsein nicht mehr konstitutiv. Zwar macht man angesichts der Parusieverzögerung aus der endzeitlichen Gemeinde das durch die Zeit wandernde Gottesvolk (Hebr) oder weist der Kirche eine eigene Epoche zu (Lk/Apg), doch bleibt das eschatologische Selbstverständnis, in Christus geeinte Kirche aus allen Völkern zu sein, erhalten. Die Osterevangelien verdeutlichen das mit dem Auftrag des Auferstandenen, alle Völker zu Jüngern zu machen bzw. als sei-ne mit dem Geist gestärkten Zeugen allen Völkern die Umkehr zu predigen, sowie mit seiner Zusage des Mitseins bis ans Ende der Weltzeit (Mt 28,19f.; Lk 24,47–49; vgl. Apg 1,8).
Die in Christus erfolgte Zeitenwende ist zugleich eine Existenzwende. Kraft des schöpferisch-eschatologischen Handelns Gottes ist an die Stelle der alten eine neue Existenz, eine »neue Schöpfung« (2 Kor 5,17; Gal 6,15) ge-treten. Neben Jes 43,18f. steht hier die urchristliche Grundüberzeugung dahinter, aufgrund von Glaube, Taufe und Geistbegabung (d.h. des In-Chri-stus-Seins) Endzeitgemeinde zu sein. Was die Propheten als endzeitliche Erneuerung des Menschen erwarteten (vgl. AT-Teil D.8) und in Qumran schon präsentisch auf die Gemeinde gemünzt wurde[13], nimmt nun die christliche Gemeinde für sich in Anspruch: »In Christus« ist sie und jeder in ihr eine eschatologisch »neue Schöpfung«. Was das für die konkrete Exi-stenz heißt, läßt Gal 5,6 (»Glauben, in der Liebe wirksam«) anklingen; die schon vorpaulinische Begriffstrias Glaube – Liebe – Hoffnung (1 Thess 1,3; 5,8; 1 Kor 13,13) bringt es als Gesamtdeutung urchristlich-endzeitlicher Existenz umfassend zum Ausdruck.
Wie bei Jesus bleibt also auch in der nachösterlichen Gemeinde die Gegen-wart endzeitlich bestimmt; sie wird durch Oster- und Geisterfahrung nur neu geprägt. Die Zeitenwende gilt als grundsätzlich erfolgt. Daraus resul-tiert einerseits eine hochgespannte Naherwartung der Parusie des Herrn, in der die letzte Vollendung für die nächste Zukunft erwartet wird. Anderer-seits hält man im Bewußtsein der im Christus- und Geistereignis erfolgten, in Glaube und Taufe zugeeigneten Zeitenwende auch den präsentischen Aspekt aufrecht.

D. Futurisch-apokalyptische Eschatologie der Frühen Kirche

Die ersten Christen sind der Überzeugung, Gott habe in der endzeitlichen Auferweckung Jesu eine Zeitenwende bewirkt, die völlig neue Zeit des Heils anbrechen lassen, und das werde in dynamischen Geisterfahrungen, in Gemeinschaftsbildungen, Befreiungen, Heilungen, in einer neuen Existenz aus Glaube, Hoffnung und Liebe immer wieder erfahrbar. Das Wissen um die Gegenwart des Herrn und das Einssein in und mit ihm löst zugleich aber eine unmittelbare Naherwartung aus: Gott hat ja Jesu Botschaft vom Anbruch der Gottesherrschaft in seiner Auferweckung endgültig bestätigt und den Auferweckten bereits zum Herrn eingesetzt; deshalb wird er alsbald kommen, um als Menschensohn, Herr und Richter das Reich Gottes vollends aufzurichten. Weitere eschatologische Erwartungen werden damit verbunden, v.a. die Vorstellung vom »Tag des Herrn«, von seinem rettenden und richtenden »Kommen« (Parusie), von der Vernichtung des Todes, der Auferstehung bzw. Verwandlung der Menschen, der Gemeinschaft aller mit dem Herrn, der endgültigen Aufrichtung der Herrschaft Gottes, vom Vergehen der alten Welt und der Schaffung eines neuen Himmels, einer neuen Erde und eines neuen Jerusalem. Dabei werden aber je nach Intention immer nur gewisse Motive aus dem Erwartungsspektrum entfaltet. Der folgende Überblick sucht die bunt verknüpften Vorstellungen thematisch und z.T. auch chronologisch zu ordnen.

1. Maranatha, Kommen (Parusie) und Tag des Herrn

»Maranatha« (1 Kor 16,22; Did 10,6; vgl. Offb 22,20) ist ältestes urchristliches Traditionsgut, wie die aramäische Sprachform unterstreicht. Die Wendung kann »Unser Herr ist gekommen« oder »Unser Herr, komm!« heißen. Weil »Komm, Herr Jesus!« (Offb 22,20b) aber wohl die griechische Wiedergabe darstellt, verdient die imperativische Übersetzung den Vorzug. Es liegt dann eine sehnliche Bitte um das Kommen des Herrn vor, welche die Vaterunserbitte um das endgültige Kommen der Basileia Gottes (Lk 11,2b) nachösterlich christologisch umformt. Ihr ursprünglicher Sitz im Leben ist wohl ein gottesdienstliches Geschehen (vgl. Offb 22).[14] Wie das alte Motiv des Kommens zeigt[15], ist der Ruf als Bitte um ein heilschaffendes Erscheinen zu begreifen: Das Kommen des Kyrios soll das Weltgeschehen endgültig entscheiden und Gottes alleiniges Königtum durchsetzen. Weil damit aber die Ausschaltung alles Widergöttlichen verbunden ist, konnotiert das »Kommen« bald auch das Gericht (vgl. 1 Kor 16,22; Did 10,6).
Die verbale Formulierung mit »*kommen*« bzw. »*erwarten*« ist (nach »Maranatha«) die älteste Aussageform urchristlicher Hoffnung.[16] Häufiger

verwendet Paulus aber das Nomen »Parusie«, was »Anwesenheit« (1 Kor 16,17) wie auch »Ankunft« bedeuten kann. Die hellenistische Umwelt bezeichnet damit die Ankunft eines Herrschers, Flavius Josephus (Ant 3,80) auch Gottes Erscheinen auf dem Sinai. Vielleicht wurde im Anschluß daran das erwartete Kommen des erhöhten Herrn mit diesem Wort umschrieben.[17] Nach 1 Thess tritt der Begriff zwar bei Paulus zurück, wird später aber zur gängigen urchristlichen Vokabel.[18] Er meint anfangs nicht so sehr ein strafend-vernichtendes, sondern ein rettend-heilschaffendes Kommen (vgl. 1 Thess 5,23f.); ein Gericht über die Christen klingt nur am Rande an (1 Thess 3,13; 4,6). Die Vorstellung endgültiger Herrschaftsdurchsetzung (vgl. »Maranatha«) mag damit verbunden sein, wird aber nicht direkt thematisiert. Wo die Geretteten dann sein werden und worin konkret die Rettung besteht, wird nicht gesagt. Es genügt, daß der »ankommende« Herr die Heilsvollendung garantiert (vgl. 1 Thess 4,16f.).

Die Rede vom »*Tag des Herrn*« bzw. »*Tag (Jesu) Christi*« ist damit eng verbunden. Von der alttestamentlichen Prophetie und der jüdischen Apokalyptik her ist »der Tag (Jahwes)« als Tag des Endes, der Auferstehung, Erlösung und des Gerichts geläufig. Im Neuen Testament entfalten v. a. Lk 17,22–37 (»Tag/-e des Menschensohnes«) und Mk 13 (»dieser/jener Tag«) die Rede vom Tag (vgl. auch Mt 7,22f.). Meist handelt es sich dabei um nachösterlichen, alttestamentlich-jüdische Diktion fortführenden Sprachgebrauch.[19] Nur Paulus spricht vom »Tag des Herrn« oder vom »Tag (unseres Herrn Jesu) Christi«.[20] Der Ausdruck meint inhaltlich zwar nichts anderes als das »Kommen« bzw. die »Parusie«, betont aber nun den Gerichtsaspekt. Paulus will damit jedoch nicht den Rettungsgedanken eliminieren (vgl. 1 Kor 5,5), sondern falsches Vollendungsbewußtsein korrigieren. Mit dem Gerichtsaspekt schärft er das Noch-Nicht der Vollendung und die ausstehende Verantwortung im Sinn eines eschatologischen Vorbehalts ein (1 Kor 9,24–27; 10,1–13).

Zudem besagt die zu »Tag Jahwes« analog gebildete Wendung, daß dem Auferstandenen seit Ostern eine göttliche Herrscher- und Richterposition zukommt. Das zeigt u.a. die austauschbare Rede vom »Richterstuhl« Gottes (Röm 14,10) bzw. Christi (2 Kor 5,10). Für Paulus erfolgt das durch Christus bei seiner Parusie vollzogene Gericht im Namen Gottes (vgl. auch Apg 10,42; 17,31).[21] Der Zusammenhang von österlicher Erhöhung und Gericht ist allgemeine urchristliche Überzeugung; mit der in Jesu Auferstehung erfolgten Zeitenwende ist sein »Kommen« zur vollen Rettung, aber auch zum Gericht verbürgt. Schilderungen des Richters bieten aber weder die älteste Tradition noch Paulus noch die Evangelien[22], wohl aber die Bilder in Offb 14,14 (der Menschensohngestaltige mit der Sichel) und 19,11–13 (der Logosreiter auf dem weißen Pferd).

Mit dem »Erwarten« des Herrn, seinem »Kommen«/seiner »Parusie« und seinem »Tag« liegen die wesentlichen Konzeptionen der durch Ostern provozierten Hoffnung auf Heilsvollendung vor. Im Lauf der Zeit werden sie je nach Intention weiter entfaltet und mit ergänzenden Vorstellungen kombiniert. Das ergibt eine Fülle von Motiven, Bildern und Szenarien, die sich nicht harmonisieren lassen, da sie jeweils auf bestimmte Fragen zu antworten versuchen und dabei unterschiedliche Aspekte herausstreichen.

2. Die Rettung aus dem kommenden Zorn (1 Thess 1,9f.)

1 Thess 1,9f. verdeutlicht exemplarisch den Zusammenhang von Ostergeschehen und Zukunftshoffnung. In seinem ältesten Schreiben (um 50 n. Chr.) faßt Paulus hier das Missionsgeschehen bei den Heiden zusammen. Er übernimmt zwar keine geschlossene Tradition, doch bedient er sich geprägter Sprachformen des frühchristlich-ökumenischen Glaubens[23]:

9 ...und wie ihr euch bekehrt habt zu Gott von den Götzen,
   um zu dienen dem lebendigen und wahren Gott
10 und zu erwarten seinen Sohn aus den Himmeln,
   den er erweckte aus den Toten, Jesus,
   (als) den uns Rettenden aus dem kommenden Zorn.

Die Bekehrung der Heiden äußert sich in der umfassenden »dienenden« Hingabe an Gott, der sich (im Christusereignis) als »lebendig und wahr« erwiesen, d.h. neue Beziehung und letzte Hoffnung geschenkt hat, aus der es sich leben läßt. Der zweite finale Infinitiv verdeutlicht, was integral zum Dienst für Gott gehört und daher auch letztes Ziel der »Bekehrung« darstellt: die Erwartung seines Sohnes aus den Himmeln. »Sein Sohn« drückt dabei neben der Heilbringerfunktion (Messias/Christus) auch schon (als Relationsbegriff) die innige Zugehörigkeit zu Gott aus (vgl. Röm 5,10; 8,32; Gal 4,4). »Aus den Himmeln« weist den Sohn weniger als zum Gericht kommenden Menschensohn aus, sondern sagt einfach, daß er jetzt im Bereich Gottes ist und von dort erwartet wird (vgl. Phil 3,20). Daß er tatsächlich identisch ist mit dem, der das menschliche Geschick bis zum Ende erlitten, aber auch die Errettung aus dem Tod erfahren hat, zu Gott erhöht wurde und deshalb für andere zum Retter werden kann, sagen die folgenden Zeilen. Die alte Formel »den er aus den Toten erweckte« betont: Was damalige jüdische Kreise für das Ende der Zeit erwarteten, hat Gott jetzt schon im Sinn einer Zeitenwende an seinem Sohn bewirkt. Diesem ist damit eine neue Existenz geschenkt, in der er als wirklich Lebender »erwartet« werden kann. Der Name Jesus (vgl. Röm 8,11a; 1 Thess 4,14) unterstreicht, daß der von Gott her erwartete Sohn der gekreuzigte Jesus von Nazaret ist. Die Hoffnung richtet sich also auf einen Bekannten, dessen Schicksal geläufig ist und der mit Namen angerufen werden kann, was für die Endsituation entscheidend ist.

Er wird nämlich als der erwartet, der errettet (»herausreißt«) aus dem »kommenden Zorn«. Der anthropomorphe Ausdruck »Zorn« bezeichnet Gottes Widerwillen gegen das Böse, näherhin sein strafendes Gericht über alle, die sein Werk entstellen (vgl. Zef 1,15 u.ö.). Er ist Ausdruck von Gottes Anteilnahme an der Welt, die Kehrseite seiner liebenden Treue zu den

74

Menschen. Hier ist damit, wie oft im Alten Testament und in der Apokalyptik, das endzeitliche Strafgericht, ja sogar (vgl. »aus«) das ewige Verderben als Folge des verurteilenden Gerichts gemeint. Vermutlich bewirkt der Sohn die Rettung als derjenige, der durch seinen Tod bereits von der Sünde befreit und gerechtfertigt hat; er wird die schon Gerechtfertigten auch endgültig retten (vgl. Röm 5,9f.). Damit könnte die Vorstellung verbunden sein, daß er im Gericht als Advokat eintritt (vgl. Röm 8,33f.). Christen dürfen jedenfalls damit rechnen, im Endgericht nicht ungeschützt der Verurteilung anheimzufallen, sondern durch den kommenden Herrn verschont zu werden (vgl. 1 Thess 5,9). Die in Jesu Auferweckung erfolgte, in Glaube, Taufe und Geistbegabung an den Christen vollzogene Wende wird sich in ihrer definitiven Rettung vollenden. Der alte Text zeigt also, daß das »Kommen« des Herrn nicht einfach mit dem Gericht identisch ist.

3. Parusie, Auferstehung bzw. Verwandlung und Sein beim Herrn

In 1 Thess 4,13–18 und 1 Kor 15,50–58 erläutert Paulus in ähnlicher und doch differenzierter Weise den Zusammenhang von Parusie und Auferstehung der Toten bzw. eschatologischer Verwandlung. In 1 Thess stellt er sich der Frage, ob die vor der Parusie Verstorbenen beim Kommen des Herrn und der endgültigen Heilsvollendung benachteiligt sein werden, und sucht hoffnungslose Trauer in der Gemeinde zu korrigieren. In 1 Kor (um 54 n. Chr.) muß er sich mit einem falschen Vollendungsbewußtsein auseinandersetzen, das zur Leugnung der künftigen Totenauferstehung geführt hat (15,12). Dabei wirkt 1 Kor 15,50–58 wie eine Bearbeitung von 1 Thess 4,13–18 vor einem neuen Problemhintergrund. Auch zeigt sich ein Erfahrungszuwachs, der die Erwartung modifiziert: Sind in 1 Thess die wenigen Verstorbenen für den Apostel die Ausnahme und rechnet er einfach damit, daß er selbst wie die überwiegende Mehrheit die Parusie in Kürze lebend erfahre werde, so sind nach 1 Kor die Verstorbenen schon die Regel und die bei der Parusie Lebenden die Ausnahme. Zwar ist Paulus immer noch überzeugt, er selber werde das Kommen des Herrn noch bei Lebzeiten erfahren, doch weiß er nun, daß die Heilsvollendung nur durch eine »Verwandlung« der Toten wie der Lebenden erfolgen kann (V.51f.).

3.1 Schicksal der Verstorbenen und Parusie (1 Thess 4,13–18)

Die Belehrung »Über die Entschlafenen« (1 Thess 4,13–18) hängt eng mit der folgenden »Über die Zeiten und Fristen« (5,1–11) zusammen. In beiden geht es um die Bedeutung der Zukunft im Blick auf die Gegenwart. Dennoch ist 4,13–18 ein in sich gerundeter Text; der Zuspruch in V. 13 und 18 umschließt die »dogmatische« Belehrung dazwischen:

13 Wir wollen euch nicht in Unkenntnis lassen, Brüder, über die Entschlafenen, damit ihr nicht traurig seid wie auch die übrigen, die keine Hoffnung haben.

14 Wenn wir nämlich glauben, daß Jesus starb und auferstand,
so wird Gott auch die Entschlafenen durch Jesus mit ihm führen.
15 Dieses nun sagen wir euch mit einem Herrenwort:
Wir, die Lebenden, die Übrigbleibenden bei der (für die) Parusie des Herrn,
werden keinesfalls den Entschlafenen zuvorkommen.
16 Denn der Herr selbst wird unter einem Befehl, unter der Stimme des Erzengels
und unter der Posaune Gottes vom Himmel herabsteigen,
und die Toten in Christus werden auferstehen zuerst,
17 danach werden wir, die Lebenden, die Übrigbleibenden,
zugleich mit ihnen hinweggerissen werden auf Wolken
zur Begegnung (Einholung) des Herrn in der (die) Luft.
Und so werden wir immer mit dem Herrn sein.
18 Daher sprecht einander zu mit diesen Worten.

Die Gedankenführung macht klar, daß die im Osterereignis erfolgte
Zeitenwende die konstitutive Basis für die hoffnungsfrohe Gewißheit auch
bezüglich der Verstorbenen bildet. Aus dem alten Glaubensbekenntnis »Jesus starb und stand auf« (V. 14ab) folgt nämlich, daß Gott »so« auch an den
Verstorbenen handeln wird. Aufgrund dessen, was er »durch Jesus« gewirkt
hat, wird er sie »mit ihm führen«, d.h aus dem Tod herausführen oder mit
ihm im Triumphzug mitführen. Das bekräftigende »Herrenwort« (V. 15),
dessen genaue Identifizierung umstritten ist, rekurriert auf die apokalyptische Erwartung, daß nur der kleine Rest der in der endzeitlichen Drangsal
»Übriggebliebenen« seliger sein wird »als die Gestorbenen« (4 Esra 13,24).
Dagegen meint Paulus, daß die »Übrigbleibenden« (jetzt neutrale Bezeichnung für die Mehrheit, die die Parusie lebend erfahren wird) keinerlei Vor-
teil gegenüber den vor der Parusie Verstorbenen haben werden. Weil der
Tod in Jesu Auferweckung schon überwunden wurde, ist der Zustand des
Menschen zur Zeit der Parusie bedeutungslos geworden. Das Szenario
V. 16f. unterstreicht dieselben Heilsaussichten aller. Paulus bietet dabei keine exakte Vorausschau auf die Endereignisse, sondern greift Versatzstücke
aus dem Alten Testament und der jüdischen Apokalyptik auf[24], um die Bedeutung der Parusie und ihren umfassenden Charakter zu betonen. In dem
Geschehensablauf (»zuerst ... danach«) ist die Auferstehung nicht als allgemeine Totenauferstehung gedacht, sondern auf »die Toten in Christus« beschränkt, die durch Glauben und Taufe zu Christus gehören. (Über einen
Wartezustand zwischen Tod und Auferstehung ist damit nichts gesagt.) Was
mit den anderen geschieht, interessiert Paulus hier nicht. Auch wie die Auferstehung konkret erfolgt, ob die Hinwegraffung zur Begegnung oder zur
feierlichen Einholung dient, wohin das Herabkommen des Herrn bzw. der
feierliche Zug führt, bleibt ebenso offen wie der Ort, wo alle immer mit dem
Herrn sein werden. Die Vielfalt der aufgebotenen Bilder wird in V. 17b auf
das einzig wesentliche Moment reduziert: die endgültige Gemeinschaft mit
Christus. Das im Glauben und in der Taufe begonnene Mit-Christus-Sein
(das auch ein Mit-Leiden und Mit-Sterben ist[25]) gipfelt also darin, mit ihm
auch auferweckt und verherrlicht zu werden, endgültig mit ihm zu leben
(Röm 8,17b.32; 2 Kor 4,14). Wie das genauer ausschaut, wird aber nicht
gesagt.

Paulus sucht hier den Thessalonichern die Parusie mit apokalyptischen Bildern näherzubringen. Schon in 1 Kor 15,51f. formuliert er theologisch subtiler, in Phil 1,21.23 reduziert er das Ganze auf wenige Fundamentalaussagen. Er zeigt also eine erstaunliche Freiheit, wenn es darum geht, sich und seinen Gemeinden das letztlich Unvorstellbare der Heilsvollendung vorzustellen. Seine adressatenbezogenen Aussagen wollen nicht über den Hergang des Endes informieren, sondern appellativ und performativ helfen, Hoffnungslosigkeit zu überwinden und die Gegenwart zu bestehen.

3.2 Mysterium der Verwandlung und Vernichtung des Todes (1 Kor 15,50–58; Phil 3,20f.; vgl. Phil 1,21–24)

In 1 Kor 15,50–58 geht es um die Auseinandersetzung mit einem falschen Vollendungsbewußtsein, das keine Auferstehung der Toten mehr erwartet (V.12), sie in Taufe und Geistererfahrung vielmehr schon geschehen sein läßt (vgl. 1 Kor 4,8). Paulus erörtert demgegenüber den unlösbaren Konnex von Auferstehung Christi und Auferstehung der Toten, die erst künftige Vollendung der Gottesherrschaft (V. 20–28) sowie die Andersartigkeit des Auferstehungsleibes. Das alles unterstreicht er mit dem Blick auf die Vollendung des Menschen und die endgültige Überwindung des Todes:

50 Dies aber sage ich, Brüder:
   Fleisch und Blut können das Königreich Gottes nicht erben,
   auch nicht erbt die Vergänglichkeit die Unvergänglichkeit.
51 Siehe, ich sage euch ein Geheimnis:
   Wir werden nicht alle entschlafen, alle aber verwandelt werden,
52 in einem Moment, in einem Augenblick, bei der letzten Posaune,
   denn es wird posaunen,
   und die Toten werden unvergänglich auferstehen,
   und wir werden verwandelt werden. (...)
54 Wenn aber dieses Vergängliche anziehen wird Unvergänglichkeit
   und dieses Sterbliche anziehen wird Unsterblichkeit,
   dann wird erfüllt werden das Wort, das geschrieben steht:
   Verschlungen wurde der Tod in den Sieg.
55 Wo, Tod, ist dein Sieg? Wo, Tod, ist dein Stachel? (...)
57 Gott aber sei Dank,
   der uns den Sieg verleiht durch unseren Herrn Jesus Christus.
58 Daher, meine geliebten Brüder, werdet fest, unerschütterlich,
   überströmend im Werk des Herrn allezeit,
   da ihr wißt, daß eure Mühe nicht umsonst ist im Herrn.

Die einleitende These bringt die seit Jesu Verkündigung dominierende Thematik in urkirchlicher Prägung zur Sprache. Es geht um die endgültige Teilhabe am »Königreich« Gottes als verheißenem »Erbe«, d.h. am vollendeten Leben Gottes.[26] Der irdische Mensch als geschaffene und vergängliche Kreatur mit begrenztem Vermögen kann dieses Reich Gottes »nicht erben«. Paulus warnt hier generell davor, sich von einer bloß irdischen Lebenseinstellung leiten zu lassen (vgl. V. 33f.); v. a. aber wendet er sich gegen die

Enthusiasten, die etwas Unzerstörbares in sich zu tragen meinen, das sie jetzt schon in die Auferstehungswirklichkeit versetzt. Ihnen hält Paulus entgegen, daß sie sterbliche Menschen sind und deshalb einer fundamentalen »Verwandlung« bedürfen. Das formuliert er als Mitteilung eines »Geheimnisses« (einer urkirchlichen Prophetie, vgl. Röm 11,25), das dem »Herrenwort« in 1 Thess 4,15 entspricht. Daß »nicht alle entschlafen«, wohl aber »alle verwandelt« werden[27], zeigt eine veränderte Erfahrung: Die bis zur Parusie Überlebenden sind schon die Ausnahme; Paulus zählt sich gleichwohl noch zu ihnen. Was er in 1 Thess aber in Totenauferstehung und Hinweggerafftwerden zur Begegnung mit dem Herrn differenziert, subsumiert er nun unter »Verwandlung«: Alle werden von Gott einer fundamentalen Transformation unterzogen und statt ihres irdischen Leibes eine neue pneumatische Existenz erhalten (vgl. 1 Kor 15,35–49; anders syrBar 50f.). Im Unterschied zu 1 Thess wird die Parusie als Drehpunkt des ganzen Geschehens zwar vorausgesetzt, aber nicht explizit erwähnt. Dafür sieht der Apostel das Ganze nun »in einem Moment« zusammengedrängt. »Denn es wird posaunen« versichert, daß der Zeitpunkt der Verwandlung gewiß eintrifft. Erst dann wird der Sieg über den Tod feststehen, wie zwei frei umgeformte Prophetenworte (Jes 25,8; Hos 13,14) unterstreichen. Die tyrannische Herrschaft des Todes wird dann ein Ende haben. Das drängt Paulus zu einem Lobpreis, der auf christliches Basiswissen rekurriert: Durch die österliche Wende, die Gott in Jesus Christus gesetzt hat, verleiht er uns den »Sieg«. Das gilt grundsätzlich schon jetzt, schenkt aber zugleich die feste Hoffnung auf die Heilsvollendung. Daß dies keine billige Zukunftsvertröstung ist, sondern ein Wissen, aus dem sinnvoll gelebt werden kann, sagt der Schlußvers: »Unerschütterlich« in ihrer durch Gott begründeten Hoffnung sollen die Christen am Werk des Herrn in der Welt mit aller Kraft teilnehmen. Sie dürfen wissen, daß keine Mühe »im Herrn« vergeblich ist. Alles Positive, das sie leisten, wird Eingang in die Heilsvollendung finden.
Eine Verbindung von Errettung aus dem Tod und Kommen des Herrn stellt auch Phil 3,20f. (um 55 n. Chr.) her, doch fehlt der Ausdruck Parusie:

20 Unsere Heimat aber ist in den Himmeln,
   von woher wir auch als Retter erwarten den Herrn Jesus Christus,
21 der umgestalten wird den Leib unserer Niedrigkeit,
   gleichförmig dem Leib seiner Herrlichkeit,
   nach der Kraft seines Könnens, ihm (sich) alles zu unterwerfen.

Der Text richtet sich gegen Irrlehrer (V. 18f.), die Jesus als »göttlichen Mann« oder Heros erachten, an dessen irdischer Macht man mittels des Geistes schon Anteil erhalten kann. Unter Ausblendung des Leidens und des Kreuzes heben sie das Noch-Nicht in eine schon gegenwärtige Vollendung auf. Demgegenüber macht Paulus den Philippern bewußt, daß sie auf Erden bloß Fremdlinge sind, da ihre Heimat bzw. Bürgerschaft in den Himmeln liegt, und weist auf die Ausständigkeit der Heilsvollendung hin. Die Erwartung richtet sich auf den vom Himmel kommenden Herrn Jesus Christus als »Retter«, wie Paulus in hellenistischer Sprache (im Unterschied zu 1 Thess 1,10) formuliert. Die Rettung besteht in der »Umgestaltung« unserer hinfälligen Existenz zur Gleichförmigkeit mit dem »Leib seiner Herrlichkeit«, zu einer vollendeten Existenz, deren Vorbild und Urheber der Auferstandene ist. Die 1 Kor 15,51f. erwähnte »Verwandlung« wird damit explizit dem wiederkehrenden Herrn zugeschrieben. Die rettende »Umgestaltung« betrifft die Verstorbenen wie die Lebenden (vgl. 1 Kor 15,52f.); zwischen Verwandlung und Auferweckung wird nicht mehr differenziert (vgl. schon 1 Kor 15,51). Mit Ps 8,7 (nach Septuaginta) wird schließlich die Umgestaltung des Leibes in der umfassenden (Gott verdankten) Macht des Auferstandenen verankert, sich »alles« zu unterwerfen.

Paulus bedient sich hier eines stärker hellenistischen Vokabulars, doch versteht er den Vorgang endzeitlicher Umgestaltung auf demselben (apokalyptischen) Hintergrund wie bisher (vgl. 1 Kor 15,51–53, aber auch Röm 8,23.29). Deshalb hält er hier wie in 1 Kor 15 an der Zukünftigkeit von Auferstehung und Verwandlung bzw. Umgestaltung im Rahmen des Parusie- und Endgeschehens fest. Daß er aber über diesen apokalyptischen Wissensstand auch hinausgehen und die endgültige Gemeinschaft mit Christus (vgl. 1 Thess 4,17) schon für sein eigenes Sterben bzw. das des einzelnen Christen erwarten kann, zeigt etwa Phil 1,21.23:

21 Denn für mich ist Christus das Leben, und Sterben Gewinn. (...)
23 Ich sehne mich danach, aufzubrechen und bei Christus zu sein –
    um wieviel besser wäre das![28]

Diese Hoffnung scheint geradezu 1 Thess 4; 1 Kor 15; Phil 3 zu widersprechen, wo Paulus einerseits damit rechnet, die Parusie noch zu erleben, und andererseits die volle Gemeinschaft mit Christus erst nach der Auferstehung der Toten bzw. der Verwandlung der noch Lebenden erhofft. Man hat deshalb gemeint, Paulus rechne hier (gemäß platonisch-hellenistischen Vorstellungen) mit einem Zwischenzustand der Seele nach dem Tod, aber vor der Auferstehung als Wiedervereinigung von Seele und Leib. Davon ist freilich in seinen Briefen nichts zu finden. Beachtet man die mangelnde Systematik, Wandelbarkeit und spezifische Funktionalität der verwendeten Bilder, wird man in Phil 1 keinen unüberwindbaren Widerspruch zu anderen Aussagen des Apostels finden. Alle Texte bekunden die Zuversicht, daß die jetzt schon für jeden Getauften bestehende Verbundenheit mit Christus ihre Erfüllung in einer untrennbaren Gemeinschaft finden wird. Der Unterschied liegt darin, daß Paulus in 1 Thess 4 und 1 Kor 15 von der endgültigen Christusgemeinschaft aller Getauften spricht, in Phil 1 aber von seiner persönlichen Gemeinschaft mit Christus, und daß er die Heilsvollendung einmal in apokalyptischen, dann in personalen Begriffen beschreibt. Jedenfalls wird klar, daß die Gemeinschaft mit Christus im Sterben hingeordnet bleibt auf die Teilnahme aller am Leben Gottes bzw. Christi, auf die umfassende Realisierung der Gottesherrschaft.

4. Die Ordnung des Endgeschehens (1 Kor 15,20–28) und die Zuversicht der Gerechtfertigten (Röm 8,31–39)

In der Auseinandersetzung mit den Enthusiasten in Korinth, die sich schon im Zustand der Vollendung wähnen (vgl. 1 Kor 4,8) und deshalb eine künftige Totenauferstehung leugnen, sucht Paulus diese zu verteidigen: Ihre Leugnung käme einer Bestreitung der Auferstehung Christi gleich, was für die Verkündigung wie für den Apostel selbst fatale Konsequenzen hätte (15,12-19). In V. 20–28 schärft er nicht nur die Gewißheit der Totenauferstehung ein, sondern erinnert auch an die etappenweise Ordnung des Endgeschehens und dessen noch ausstehendes letztes Ziel:

20 Nun aber ist Christus von den Toten auferstanden als Erstling der Entschlafenen.
21 Denn da durch einen Menschen der Tod kam,
   kam auch durch einen Menschen die Auferstehung der Toten. (...)
23 Ein jeder aber in der eigenen Ordnung:
      als Erstling Christus,
      darauf die des Christus bei seiner Parusie,
24   dann das Ende,
   wenn er die Herrschaft dem Gott und Vater übergibt,
   wenn er vernichtet hat jede Gewalt und jede Macht und Kraft. (...)
26 Als letzter Feind wird der Tod vernichtet;
27 denn »alles hat er unter seine Füße unterworfen«.
   Wenn es aber heißt: Alles ist unterworfen,
   steht fest: ausgenommen, der ihm alles unterworfen hat.
28 Wenn aber ihm alles unterworfen worden ist,
   dann wird auch der Sohn selbst sich dem unterwerfen,
   der ihm alles unterworfen hat, damit Gott sei alles in allem.

Christi Auferstehung markiert die entscheidende Wende von Zeit und Menschheit. Als »Erstling« der Entschlafenen hat er nämlich eine proleptische Funktion für die ganze Ernte. Gemäß der jüdischen Auffassung von der Einheit des Endgeschehens ist seine Auferstehung das Startsignal, ja die Vorwegnahme der Auferstehung aller (vgl. Röm 8,29; Kol 1,18 u.ö.). Die Parallele Adam – Christus erläutert das. Bei aller Korrelation zwischen Jesu Auferstehung und jener der Toten bedeutet die eine aber nicht sofort die andere. Es gibt vielmehr eine Etappenordnung: zuerst Christi Auferstehung als österliche Zeitenwende, dann die Auferstehung der zu Christus Gehörenden bei seiner Parusie (vgl. 1 Thess 4,15f.; ein Gericht fehlt hier wie dort), dann »das Ende«. Die Parusie ist also noch nicht einfach das Ende der Geschichte, obwohl beides eng zusammenrückt. Das »Ende« ist erst erreicht, wenn der mit seiner Auferstehung zum Herrscher eingesetzte Christus[29] die Welt für Gott freigekämpft hat, indem er »jede Gewalt und jede Macht und Kraft« unterwirft. Damit ist seine Herrschaft auf jene Gottes hingeordnet, aber kaum ein messianisches Zwischenreich zwischen Parusie und Ende vorausgesetzt.[30] Als (personifiziert gedachter) »letzter Feind«[31], als äußerste inhumane Macht, wird der Tod vernichtet. Seine Gewalt ist grundsätzlich schon gebrochen (1 Kor 3,22; Röm 8,38), doch steht (entgegen der Auffassung der Enthusiasten) seine endgültige Vernichtung noch aus (1 Kor 15,54f.). Ein freies Zitat von Ps 8,7 versichert, daß jede Macht schließlich Christus unterworfen wird, wehrt aber zugleich dem Mißverständnis, Christi Herrschaft über alle Feinde und Mächte beeinträchtige Gottes Hoheit. Das wuchtige Schlußwort (V. 28) nimmt Jesu Rede von der Gottesherrschaft im strengen Sinn ernst. Die Zeitenwende, die Jesus verkündet wie präsent gesetzt und die Gott zu Ostern bestätigt hat, findet dann ihre Vollendung. Die dem Sohn in Auferstehung und Erhöhung geschenkte Macht ist ihm anvertraut, um Gottes Basileia durchzusetzen. Ist diese Funktion erfüllt, so tritt er als herrscherlicher Christus zurück und ordnet sich Gott unter. Das Ziel dieser Unterordnung ist Gottes vollendete Herrschaft. Gegen die korinthischen Leugner wird damit zum einen gesagt: Wer die künftige Totenauferstehung bestreitet, leugnet Gottes Heilsplan und die Durchsetzung seiner Herrschaft. Und zum anderen: Erst Gottes Alles-in-allem-Sein ist die Vollendung; die mit Jesu Auferstehung begonnene Herrschaft Christi ist dagegen vorläufig und begrenzt; deshalb kann man auch nicht mit Christus »schon zur Herrschaft gelangt« (1 Kor 4,8) und vollendet sein.

Skizziert 1 Kor 15,20–28 von Ostern her die »objektive« Ordnung des Endgeschehens, so kehrt Röm 8,31–39 (um 56 n. Chr.) die »subjektive« Seite heraus und formuliert geradezu hymnisch die Zuversicht der in Christus Gerechtfertigten. Die Grundüberzeugungen des Paulus werden dabei zusammengefaßt. Weil Gott sich im Christusereignis ganz als »Gott für uns« auf die Seite der Menschen gestellt und seine Liebe bis zum äußersten erwiesen hat, gibt es für die Glaubenden letztlich keine Anklage und keine Verurteilung mehr, sondern nur noch die Zuversicht, daß Gott ihnen zusammen mit Christus schließlich »alles schenken« wird. Die widerstrebenden Mächte und Bedrohungen, denen Christen gleichwohl noch ausgesetzt sind, können sie nicht mehr von der Liebe Christi trennen. Diese läßt vielmehr jetzt schon und schließlich endgültig triumphieren. Umfassend und nahezu kosmisch geweitet formuliert Paulus abschließend:

38 Denn ich bin überzeugt, daß
    weder Tod noch Leben, weder Engel noch Mächte,
    weder Gegenwärtiges noch Zukünftiges, weder Gewalten,
39   weder Höhe noch Tiefe noch irgendeine andere Kreatur
  uns scheiden wird können von der Liebe Gottes,
  die in Christus Jesus ist, unserem Herrn.

Vielleicht rekurriert Paulus hier auf das Glaubenswissen, daß Jesus in seiner Erhöhung zum »Herrn« auch über die Mächte erhoben wurde (vgl. Phil 2,9–11) und daß diese daher allen Schrecken für die von Gott Geliebten verloren haben. Jedenfalls gibt das Wissen um die in Christus von Gott gesetzte Zeitenwende eine eigentümliche Gewißheit für die Zukunft wie die Gegenwart. Der Glaubende schaut getrost dem Zeitpunkt entgegen, da sich Gottes Herrschaft endgültig durchsetzen wird; in dem damit verbundenen Gericht wird es für ihn keine Anklage und Verurteilung geben (vgl. 1 Thess 1,10). Aber auch schon jetzt, in allem Leid und aller Bedrängnis, hat er eine verläßliche Heimat: Gottes Liebe in Christus.

5. Der kommende Menschensohn und das Gericht
(Lk 17,22–37 par.; Mk 13,24–27 par.; Mt 25,31–46)

Vielleicht in Anknüpfung an Worte Jesu verbindet die Urkirche die Parusie häufig mit dem Kommen des »Menschensohnes« zum Gericht bzw. zur Scheidung unter den Menschen. Die »Kleine Apokalypse« der Logienquelle[32] (Lk 17,22–37/Mt 24,37–41) enthält dazu mehrere wichtige Worte. Gemäß dem Spruch: »Denn wie der Blitz von einem Ende des Himmels bis zum anderen leuchtet, so wird der Menschensohn an seinem Tag erscheinen« (Lk 17,24) kommt die Parusie so plötzlich bzw. unübersehbar und offenkundig wie ein Blitz. Die beiden Gerichtsgleichnisse von den Leuten zur Zeit Noachs und Lots (V. 26–30) wurden in der Logienquelle[33] auf den »Tag des Menschensohnes« bezogen:

26 Und wie es in den Tagen des Noach geschah,
 so wird es auch in den Tagen des Menschensohnes sein.
27 Die Menschen aßen und tranken und heirateten,
  bis zu dem Tag, an dem Noach in die Arche ging;
  dann kam die Flut und vernichtete alle.
28 Ebenso wie es geschah in den Tagen des Lot:
  Sie aßen und tranken, kauften und verkauften, pflanzten und bauten.
  Aber an dem Tag, als Lot Sodom verließ,
  regnete es Feuer und Schwefel vom Himmel, und alle kamen um.
30 Ebenso wird es an dem Tag sein, an dem sich der Menschensohn offenbart.

Die Menschen beider Generationen rechneten überhaupt nicht mit dem Ende oder glaubten dieses noch weit entfernt; deshalb gingen sie im plötzlichen Strafgericht allesamt zugrunde. Die Sprüche warnen vor einem leichtsinnigen und endvergessenen Leben und mahnen zur stetigen Bereitschaft angesichts der unerwartet hereinbrechenden Parusie.
Zwei weitere Gerichtsbeispiele (V. 34f.) verdeutlichen die Scheidung zwischen den Menschen bei der Parusie[34]:

34 Ich sage euch: In dieser Nacht werden zwei auf einem Bett sein.
  Der eine wird angenommen und der andere zurückgelassen werden.
35 Es werden zwei (Frauen) am selben Ort mahlen.
  Die eine wird angenommen, die andere aber zurückgelassen werden.

Die Parusie (»in dieser Nacht«) bringt eine plötzliche Scheidung zwischen »Zurückgelassenen«, d.h. dem Verderben überlassenen Menschen, und »Angenommenen«. An die Stelle des endzeitlichen Richters (vgl. Mt 25,31–46) tritt hier das Bild der Entrückung bzw. der (durch Gott oder den Menschensohn) ausgesandten Engel (vgl. Mk 13,27; Mt 13,39–41), die das Gericht vollstrecken, indem sie die Erwählten sammeln und die anderen dem Verderben überlassen.
V. 37 schließlich ist ein von Lukas verdeutlichtes Sprichwort: »Wo ein Aas ist, dort sammeln sich auch die Geier.« Ursprünglich auf die bei der Parusie »zurückgelassenen«, dem Verderben preisgegebenen Menschen bezogen (vgl. Ez 39,17–20; Offb 19,17f.), sagt das Wort im jetzigen Kontext, daß der Ort der Parusie nicht zu übersehen sein wird oder daß diese sich überall ereignen wird.

Auch die Rede Mk 13 bietet entfaltete eschatologische Anschauungen. Eine ältere Verfolgungstradition (V. 9–13), die Jesu Vorhersage weiterführt, dient zur Ermunterung der Bedrängten: »Wer durchhält bis ans Ende, wird (vor Gottes kommendem Gericht) gerettet werden« (V. 13). Eine weitere Vorlage aus der Zeit knapp vor 70 n. Chr. sieht in den Kriegswirren und im »Greuel der Verwüstung« untrügliche Zeichen, die das Gericht als bevorstehend anzeigen (V. 7f.14–20); dieses erfolgt im Rahmen der Erscheinung des Menschensohnes (V. 26f.). Markus nimmt all das auf, betont aber: Das Gericht tut sich nicht durch irdische Zeichen kund. Erst und nur das künftige Zeichen vom Himmel her zeigt das unmittelbar folgende Rettungs- und Gerichtsgeschehen an (V. 24–27). Dieses aber wird gewiß noch in der gegenwärtigen Generation eintreffen, auch wenn der exakte Termin Gott vorbehalten bleibt (V. 30–32). Das mahnt die Gemeinde zur Wachsamkeit (V. 33–37). Markus entspannt also den apokalyptischen Druck; die Gegenwart ist noch nicht die Endzeit. In der Spannung von Naherwartung und Ungewißheit sollen die Christen nicht in apokalyptische Aufregung oder Angst verfallen, sondern auf Jesu Wort bauen (V. 23.31) und sich der Führung Gottes bzw. seines Geistes überlassen (V. 11.32). Allerdings ist Wachsamkeit nötig, die sich im kritischen Umgang mit falschen Prophetien und in der Bewährung im Verfolgungsleiden zeigt.[35] Der entscheidende Text Markus 13,24–27 ist ganz alttestamentlich-jüdisch gefärbt:

24 Aber in jenen Tagen, nach der großen Not,
    wird sich die Sonne verfinstern, und der Mond wird nicht mehr scheinen;
25 die Sterne werden vom Himmel fallen,
    und die Kräfte des Himmels werden erschüttert werden.
26 Dann wird man den Menschensohn mit großer Macht und Herrlichkeit
    auf den Wolken kommen sehen.
27 Und er wird die Engel aussenden
    und die [seine] Auserwählten aus allen vier Windrichtungen zusammenführen,
    vom Ende der Erde bis zum Ende des Himmels.

Nach dem apokalyptisch geschilderten Ende[36], in dessen kosmischen Erschütterungsbildern das Strafgericht über die Frevler und ihre Übergabe an das Chaos angedeutet sind, werden alle den Herrn als ihren Menschensohn-Richter schauen (vgl. Dan 7,13f.; äthHen 62,3.5). Die »große Macht und Herrlichkeit« wie die »Wolken« kennzeichnen ihn als himmlisches, zu Gott gehöriges Wesen. Dieser Menschensohn wird sich aber als Retter der Seinigen (vgl. 1 Thess 1,10) erweisen, indem er sie von allen Enden (vgl. Sach 2,10; Dtn 30,4) zusammenführen läßt. Am Ende steht also die vollendete Lebensgemeinschaft der Geretteten mit dem Menschensohn (vgl. äthHen 62,14), der das Antlitz des erhöhten Jesus trägt. Das ist für die Glaubenden zugleich die Vollendung der mit Ostern erfolgten Zeitenwende und die eschatologische Aussicht, die unser Text mit anderen Aussagen des Neuen Testaments teilt.[37] Es fällt aber auf, daß von keiner Auferstehung der Toten (oder »Verwandlung«) die Rede ist und das Gerichtsgeschehen auf die rettende Sammlung der »Auserwählten« beschränkt wird; die Bestrafung der übrigen klingt bloß in den kosmischen Bildern und vielleicht im erschrockenen »Sehen« (V. 26) Jesu als Menschensohn an. All das zeigt wieder die Freiheit im Umgang mit dem eschatologisch-apokalyptischen Motivrepertoire und dessen funktional bedingten Einsatz.

Die Schilderung des Weltgerichts in Mt 25,31–46 ist stark vom Evangelisten gestaltet. Er dürfte aber einen judenchristlichen Text verwendet haben, der schon durch eine (auch im Alten Testament geläufige) »Barmherzigkeitsliste« geprägt war. Die Verbindung mit dem historischen Jesus kommt neben dem Motiv der Rechtsgleichstellung (vgl. Mk 9,37 par.; Lk 10,16 par.) darin zum Ausdruck, daß Jesu Barmherzigkeits- und Liebesforderung, ja sein gesamtes Verhalten gegenüber den Menschen nun zum Maßstab im Gericht durch den Menschensohn wird. Wieder fehlt jeder Hinweis auf eine vorausgehende Auferstehung bzw. Verwandlung. Dafür ist das Gericht durch den Menschensohn nun als universale Scheidung zwischen Guten und Bösen, als Belohnung und Bestrafung vorgestellt. Mit der apokalyptisch gefärbten Eingangsszene entwirft Mt das Bild eines Gerichtsforums, in dem »alle Völker« vor dem kommenden Menschensohn-Richter versammelt werden. Mit dem vertrauten Usus der Trennung von Schafen und Böcken (bzw. Ziegen) wird die Scheidung in die »zur Rechten« und die »zur Linken« bildhaft verdeutlicht. Anders als in einem Prozeß steht das Urteil schon fest und wird im folgenden Dialog mit den letztlich Christus erwiesenen (oder verweigerten) Liebestaten an den »geringsten Brüdern« bzw. »diesen Geringsten« begründet. Der Schluß zeigt, daß auf den »Gerechten« das Schwergewicht der Aussage ruht; die anderen Akteure bilden dazu die dunkle Folie. Die Position des Textes am Ende aller »Reden« des Matthäusevangeliums, sein Aufbau wie seine rhetorische Prägung zeigen, daß es nicht um eine informative Vorschau auf das künftige Weltgericht geht, vielmehr um ein anschauliches, im Gegensatz zweier Menschengruppen und im Dialog betroffen machendes Bild, das die Adressaten zu eigenem Urteil und zu einer barmherzigen Praxis nach dem Vorbild Jesu herausfordert. Sie sollen alles daransetzen, zu den »Gesegneten« des Vaters zu gehören, »das Reich«, das schon Jesus verkündete, endgültig zu erben und damit das »ewige Leben« in der vollen Gemeinschaft mit Gott und seinem Christus zu erlangen. Das apokalyptische Bild vom richtenden Menschensohn-König zielt also auf die Gegenwart; es gibt aber auch der zuversichtlichen Hoffnung Ausdruck, daß die durch Jesus begründete und österlich bestätigte Zeitenwende ihre volle und universal gültige Erfüllung finden wird, wenn vielleicht auch nicht in nächster Zukunft.[38]

Bisweilen kann aber – im Zuge dunkler Gegenwartserfahrungen – die futurische Erwartung so dominant werden, daß das Wissen um das schon zugeeignete Heil nahezu verblaßt. Rettung wird dann fast nur noch von der Zukunft erwartet. Diese »Reapokalyptisierung« kann auch Antwort auf einen präsentischen Enthusiasmus oder eine überhitzte Naherwartung sein.

6. Kommendes Vergeltungsgericht und »apokalyptischer Fahrplan« (2 Thess 1,3–10; 2,1–12)

Der in der Paulusschule entstandene Zweite Thessalonicherbrief (vor 100 n. Chr.) behandelt als Hauptthema den »Tag des Herrn«; er versteht sich als notwendige Erläuterung und Weiterführung der Unterweisung 1 Thess 4,13–18; 5,1–11.

2 Thess 1,3–10 setzt ein grundsätzliches Vorzeichen: Das vergeltende Gericht Gottes bzw. des Herrn Jesus wird als »letztes Wort« gleich an den Anfang gestellt, um Zuversicht über den positiven Ausgang der Geschichte zu geben. Im Unterschied zu Paulus jedoch, für den (trotz des eschatologischen Vorbehalts) das Heil bereits gegenwärtig erfahren werden kann, bleiben in 2 Thess wie in der Apokalyptik Gegenwart und Zukunft voneinander getrennt. Was in der Gegenwart geschieht, wird in der Zukunft Konsequenzen haben, aber die Zukunft bricht nicht in die Gegenwart ein. Erst am Ende der Weltzeit wird Gott (V. 5–7a) bzw. der Herr Jesus (V. 7b–10) ein gerechtes, d.h. vergeltendes Gericht durchführen. Diese Reapokalyptisierung, die einer Zeitströmung entspricht, will für die Zeit vor der Parusie Raum schaffen und die Bedeutung der Gegenwart betonen. Zum anderen will sie in notvoller Zeit mit dem Ausblick auf das Gericht trösten. Daß dabei der Vergeltungsgedanke in den Vordergrund rückt, kann aus der Bedrängnis der Gemeinde erklärt, wenn auch nicht einfach entschuldigt werden. Hoffnung ist nun vornehmlich als Ausdauer verstanden.

2,1–12 weist die Meinung zurück, der Tag des Herrn sei schon im Anbrechen, und erörtert, was erst noch alles kommen muß (»apokalyptischer Fahrplan«). Die Parusie als »Zusammenführung« (vgl. 1 Thess 4,16f.) ist ein offenkundiges Geschehen, das die Christen real erleben werden, das also noch nicht Gegenwart sein kann. Daher lassen sich die Adressaten den Verstand verwirren, wenn sie etwas für gegenwärtig halten, was eindeutig noch nicht da ist, und steuern sich in selbstverschuldete Panik hinein. Die alarmierende Parole, die sich auf mehrere Quellen stützt[39], lautet: »eingetreten ist der Tag des Herrn« (V. 2) und bedeutet wohl: Es ist soweit, das Endgeschehen kommt in Gang. Darin äußert sich keine gnostisierende Tendenz (vgl. 2 Tim 2,17f.), sondern erregte Nächsterwartung, die aus apokalyptischer Hochspannung resultiert.

Die folgende Argumentation greift auf den reichen Fundus apokalyptischer Vorstellungen zurück. Vor dem Tag des Herrn müssen zwei Ereignisse eintreten: Der »Abfall« meint nicht nur die beispiellose und generelle Absage an Gott, sondern u.a. auch das Chaos allgemeiner Sittenverderbnis und die Zerrüttung menschlicher Beziehungen vor dem Ende.[40] Das ist aber bisher ebensowenig gekommen wie der »Mensch der Gesetzlosigkeit«, in dem sich der »Abfall« personal verdichtet, der Widersacher schlechthin, in dessen Selbstüberhebung alle gottfeindliche Macht sich sammelt. Trotz Anklängen an das alttestamentliche Motiv des gottlosen heidnischen Empörers und Tyrannen[41] dürfte sein Bild vom Verfasser selbständig gestaltet sein. Daß von einem Menschen die Rede ist, hat zu phantastischen Spekulationen geführt. Der Autor will aber keine Zukunftsinformation liefern, sondern appellieren: Die Leser können doch sehen, daß diese Gestalt noch nicht da ist und damit die Gegenwart noch nicht die Endzeit sein kann.

Ein zweites Argument spricht mysteriös (V. 6 neutrisch, V. 7 maskulinisch) von einem »Aufhaltenden«, das/der den »Gesetzlosen« noch bis »zu seiner Zeit« verhindert, einer positiven Macht also, die Aufschub gewährt und die Endereignisse weiter in die Zukunft schiebt. Wiederum handelt es sich um eine religiöse Größe; weltgeschichtliche Identifikationen liegen dem Text völlig fern. Vielmehr geht es um die Lösung des Verzögerungsproblems[42]: Die Zeiten sind in Gottes Ratschluß festgelegt; wenn das Ende sich hinauszögert, so erfolgt das mit seinem Willen. Daher meint die »aufhaltende« Macht am ehesten die von Gott verfügte Verzögerung selbst: Gott selbst hält das Ende auf, aber er bzw. sein Zeitplan sind nicht einfach mit dem »Aufhaltenden« identisch. Trotz dessen positiver Wirksamkeit ist aber die widergöttliche Macht des Gesetzlosen schon am Werk, als »Geheimnis« zwar, aber dem wachsamen Glauben durchaus erkennbar. Damit wird die Aufmerksamkeit für die Gegenwart geschärft und zur Treue motiviert. Der entscheidende Zeitpunkt kommt dann, wenn das/der Aufhaltende beseitigt wird (V. 7b) und die hinter dem »Geheimnis der Gesetzlosigkeit« wirkende Macht ihren ganzen Schrecken entfaltet.

Ein drittes Argument lenkt den Blick scheinbar in die Zukunft, bezweckt aber eine Warnung für die Gegenwart. Der zur Parusie erscheinende Herr wird den schließlich offenbar werdenden »Gesetzlosen« souverän vernichten (vgl. Jes 11,4b), auch wenn dieser als endzeitlicher Pseudoprophet und Weltverführer mit Mirakeln beeindruckt (vgl. Mk 13,22; Offb 13,13f.), die die Menschen von Gott abzubringen versuchen. Das Präsens ab V.11 schärft aber nachdrücklich ein, daß die Entscheidung über die Zukunft durch die Adressaten selbst fällt. Zwar erfolgt die Rettung erst in Zukunft, doch soll man sich jetzt durch das abschrecken lassen, was an den »Zugrundegehenden« als Gericht Gottes schon offenkundig wird.

In ausdrucksstarken Bildern benennt der Verfasser »Vorzeichen« vor dem Tag des Herrn. Diese sind aber nicht die eigentlich intendierte Aussage, wie spätere skurrile Spekulationen über den »Antichristen«[43] meinten. Der Autor will keine Informationen über eine kommende Schreckensgestalt bzw. eine aufhaltende Macht geben, vielmehr will er auf die Gegenwart verweisen. Als Vorbereitungs- und Bewährungszeit ist sie entschlossen zu nützen, auch wenn das wegen der hintergründig wirksamen Macht der Gesetzlosigkeit schwerfällt. Die Figur des »Gesetzlosen« repräsentiert als Anti-Gott die These, daß Gott keineswegs die Zukunft und das letzte Wort der Geschichte gehört. Sie stellt damit in die Entscheidung, fordert den Glauben an den wahren Gott heraus und drängt dazu, jenen Mächten, die der Gottesherrschaft widerstreben, in der Kraft widerständiger Hoffnung und Geduld entgegenzuwirken. Das Symbol des »Aufhaltenden« steht für Gottes Güte: Gott wartet aus Nachsicht und Erbarmen, um Gelegenheit zur Umkehr zu geben (vgl. 2 Petr 3,9.15; Röm 2,4). Obwohl der Text die Parole vom Eingetretensein des Tages des Herrn zurückweist, hält er die Naherwartung aufrecht, er will sie nur dämpfen und ihr ungeduldiges Ausbrechen verhindern. Dabei rekurriert er aber nicht auf eine vorgesehene »Zeit der Kirche« (wie Lk/Apg) oder eine weltweit notwendige Mission (wie Mt 28,18–20). Er ruft vielmehr zu Ausdauer und Standfestigkeit auf. Eine Vorwegnahme des Heils oder ein anspornender Auftrag für die Welt kommen kaum in den Blick; die Dunkelheit der Gegenwart ist einfach durchzustehen. Wird so die Heilswende eigentlich erst für die Zukunft erwartet, so äußert sich doch im Wissen um die alles Böse souverän besiegende Macht des »Herrn Jesus« (V. 8) die von Ostern geprägte Zuversicht.

7. Weltbrand, neuer Himmel und neue Erde (2 Petr 3,3–13)

Der Zweite Petrusbrief (um 120 n. Chr.) hat mit Einwänden zu ringen, die mit dem Ableben der apostolischen Generation und dem Ausbleiben der Parusie aufkommen. »Spötter« bestreiten die Erfüllung der Parusieverheißung: »Wo bleibt die Verheißung seiner Parusie? Denn seitdem die Väter entschlafen sind, bleibt alles so wie von Anfang der Schöpfung an« (3,4). Zur ersten christlichen Generation besteht also schon ein größerer Abstand; auch gehen die »Spötter« noch weiter als frühere Zweifler[44]: Nicht nur ist die Parusie bisher ausgeblieben, sie wird auch überhaupt nie erfolgen, weil der Weltenlauf weitergeht wie seit eh und je. Eine Zeitenwende hat dann weder in Christus stattgefunden, noch ist sie künftig zu erwarten. Der Autor nimmt die Ansage von Jud 17–19 auf, »in den letzten Tagen« würden libertinistische »Spötter« auftreten. Zugleich kann er durch Angleichung an die geläufige Frage der Skeptiker die Parusieleugner mit den alttestamentlichen Frevlern identifizieren[45] und ihre Bestrafung aus der Schrift begründen. Von den zwei Einwänden (Ausbleiben der Parusie, Permanenz des Weltlaufs) greift er zunächst den zweiten, prinzipiellen Einwand auf (V. 5–7):

5 Ihnen, die das wahrhaben wollen, entgeht,
daß von altersher Himmel waren und die Erde,
die aus Wasser und durch Wasser Bestand hatten kraft des Wortes Gottes.
6 Durch diese (beiden) ging die damalige Welt zugrunde, vom Wasser überflutet.
7 Die jetzt bestehenden Himmel aber und die (jetzige) Erde
sind durch dasselbe Wort aufgespart für das Feuer,
bewahrt für den Tag des Gerichts und des Verderbens der gottlosen Menschen.

Wie Gottes Schöpferwort »aus Wasser« (Scheidung der Chaoswasser) Himmel und Erde schuf und »durch Wasser« (Aufrechterhaltung der Scheidung[46]) ihren Bestand sicherte, so ging »durch diese« (Wort Gottes und Wasser) die »damalige Welt« auch unter. Die Sintflut ist dabei als Untergang des Weltganzen verstanden (vgl. 2 Petr 2,5; äthHen 83,3–5). Erst so ist die Folgerung schlüssig, daß die jetzigen Himmel und die Erde durch dasselbe Wort Gottes für das Feuer aufgespart sind. Das Alte Testament kennt zwar das Feuer als Bild göttlichen Gerichts, das die Feinde Gottes und die Erde verzehren wird[47], doch keinen universalen Weltbrand wie die außerkanonische Apokalyptik, die Stoa und der Platonismus[48]. Die Parallelisierung von einstigem Weltuntergang durch Wasser und kommendem durch Feuer begegnet im Neuen Testament zudem nur in 2 Petr. Freilich geht es nicht um eine reale Vernichtung des Universums, sondern um den damit verdeutlichten »Tag des Gerichts und des Verderbens der gottlosen Menschen«. Sie enden im Feuertod, was den Verlust des Endheils meint. Ihre These von der Permanenz des Weltlaufs ist damit nachdrücklich zurückgewiesen.

In V. 8–10 stellt sich der Autor der ersten Frage der Spötter. Erstens verweist er mit Ps 90,4 auf die Unvereinbarkeit von göttlichem und menschlichem Zeitmaß. Zweitens greift er auf Gottes Langmut zurück, die Umkehr ermöglichen will[49]; freilich wird der Tag des Herrn so unerwartet kommen wie ein Dieb. Aber alle diese durchaus zutreffenden Argumente können die erhobenen Einwände (die auf Paulus rekurrieren, wie 3,15b–16 zeigt) eigentlich nicht entkräften. Deshalb malt der Verfasser den »Tag des Herrn« nochmals in den Farben von V. 7 aus, doch gesteigert und verändert zugleich: Zwar werden »die Himmel prasselnd vergehen« und »die Elemente brennend aufgelöst werden«, doch geht es nicht einfach um kosmische Vernichtung, sondern darum, daß »die Erde und die Werke auf ihr gefunden werden« (V.10b).[50] Der Weltbrand dient also dazu, daß nach Verschwinden des Firmaments die Erde wie die Werke der Menschen Gottes richtendem Blick unverhüllt preisgegeben sind. Das ist kein Widerspruch zu V. 7, da schon dort der Weltbrand bildhaft-funktional für die endgültige Widerlegung und Bestrafung der Gottlosen steht.

Im Blick auf das schreckliche Ende der Parusiespötter sollen sich die Adressaten um einen heiligen Wandel und echte Frömmigkeit bemühen. So können sie (nach gut jüdischer wie christlicher Überzeugung[51]) die »Parusie des Tages Gottes« beschleunigen, »dessentwegen die Himmel im Feuer aufgelöst und die Elemente brennend zerschmelzen werden« (V. 12b). Der Eindruck kosmischer Vernichtung ist auch hier gemäß V. 7 und 10 zu relativieren. Die neuerliche Erwähnung dient v.a. zum Anschluß der Heilsverheißung: »Neue Himmel aber und eine neue Erde erwarten wir nach seiner Verheißung, in denen Gerechtigkeit wohnt« (V. 13). Das Zitat aus Jes 65,17 (s. AT-Teil D.4) impliziert dabei nicht, daß der gegenwärtige Äon vorher vernichtet wird. Jüdische Apokalypsen deuten die tritojesajanische Verheißung sowohl im Sinn einer Erneuerung des Kosmos als auch im Sinn einer völlig neuen Schöpfung.[52] Zur letzten Gruppe gehört dem Wortlaut nach auch 2 Petr. Ob er aber die reale Heraufführung einer neuen Welt behauptet, ist fraglich. Der Autor läßt vieles ungesagt und ordnet die Geretteten nicht »topographisch« zu. Es geht ihm darum, daß im neuen Kosmos endlich »Gerechtigkeit wohnt«. Jede weitere Beschreibung fehlt.

Der Topos »neue Himmel und neue Erde« will also nicht die Parusie mit kosmischen Ereignissen identifizieren, er ist vielmehr ein Bild für die umfassende Heilsvollendung, die darin besteht, daß Gottes Wille sich endgültig durchsetzt. Das Heilsbild ist durch das Gerichtsbild vom Untergang des jetzigen Himmels und der Erde im Feuerbrand bedingt. Und zur Verwendung dieser Gerichtsmetapher wurde der Autor durch die Parusieleugner gedrängt; ihre endgerichtliche Widerlegung sollte dadurch handgreiflich demonstriert werden. Zugleich dient ihm das Gerichts- wie das Heilsbild zur Ermahnung und Ermutigung der Christen. Er greift ihm verfügbare (apokalyptische u.a.) Vorstellungen auf, um in zugespitzter Weise den Gerichts- und Heilsaspekt des »Tages des Herrn« sowie die Vollendung der mit Ostern erfolgten Zeitenwende zu veranschaulichen.

8. Endgültiger Sieg und neue Welt Gottes (Offb 19,11–22,5)

Schon vor dem Zweiten Petrusbrief ist in der Offenbarung (90–95 n. Chr.) dem Wortlaut nach vom Untergang des alten Kosmos und einem neuen Universum die Rede. Wie es einem Trostbuch für die bedrängten Christen Kleinasiens[53] ansteht, will der Prophet Johannes zum einen seine Adressaten vergewissern, daß die entscheidende Zeitenwende, Gottes endgültiger Sieg in der Geschichte, mit dem Christusereignis (dem »Lamm, das als geschlachtetes steht« 5,6) schon erfolgt ist. Die als »himmlische Liturgie« zwischen die Visionen eingeschalteten Lieder[54] versichern, daß der österliche Sieg (Gottes Königsherrschaft und die Hochzeit des Lammes: vgl. 19,6–9) bereits feststeht. Als Antizipation des Heils wollen sie den Christen angesichts des sie umgebenden Chaos Trost spenden und sie herausfordern, ihre Bedrängnissituation zu »überwinden«, wie der auferstandene Christus sie bereits »überwunden« hat (3,21). Zum anderen will der Verfasser die Bestrafung der gott- und christenfeindlichen Mächte eindrücklich schildern. Deshalb malt er das Endgericht in mehreren Visionenreihen aus, an deren Ende jeweils eine Gerichtsszene steht.[55] Auffällig ist, daß die Glieder der Heilsgemeinde aus dem Gericht ausgenommen sind; ihr Heilsstatus wird so betont. Sie stehen zwar inmitten des Endzeitdramas und leiden unter den Eruptionen der widergöttlichen Macht. Sie dürfen aber wissen, daß diese Ausdruck des göttlichen Gerichts an der gottlosen Welt sind und ihnen, sofern sie sich bewähren, letztlich nichts anhaben können.

8.1 Doppelte Auferstehung und allgemeines Gericht (Offb 19,11–20,15)

Die Visionen erreichen ihren Höhepunkt in den Gerichtsschilderungen des Schlußteils (19,11–20,15): in der Vernichtung des »Tieres« und seines Falschpropheten (des römischen Kaisers und seiner Handlanger) durch den Logosreiter, in der Überwältigung Satans, der »ersten Auferstehung« der Märtyrer und ihrem tausendjährigen Herrschen mit Christus, in der letzten Freilassung Satans, seiner endgültigen Vernichtung und seinem Sturz in den Feuersee. In der letzten Vision (20,11–15) vom »allgemeinen Gericht« ist (im Unterschied zu 2 Petr 3) weder von einem Weltuntergang noch vom Zugrundegehen der Gottlosen im Weltbrand die Rede. Allerdings wird das Gericht mit der Auferstehung der Toten verbunden[56]: Alle Toten, vom Meer und der Unterwelt herausgegeben, stehen vor dem Thron und werden nach ihren in den »Büchern« verzeichneten Werken gerichtet (20,12f.). Als letzte Feinde (vgl. 1 Kor 15,26.54f.) werden dann Tod und Unterwelt samt allen nicht im Buch des Lebens Vermerkten in den Feuersee (die Hölle) geworfen (V. 14f.), der explizit »zweiter Tod« heißt. Im Unterschied zu den bis zum Tod Getreuen, die an der »ersten Auferstehung« teilhaben (V. 6), und jenen, die wegen ihrer Werke bzw. ihrer Eintragung ins »Buch des Lebens« das allgemeine Gericht bestehen und zum Leben gelangen[57], verfallen alle anderen dem endgültigen Verderben.

Das hier vorausgesetzte »zweistufige« Gerichtsverfahren samt dem tausendjährigen Friedensreich dazwischen[58] steht in Spannung zu bisher erwähnten Endvorstellungen im Neuen Testament. Der Autor hat dabei zwei Motive verbunden und modifiziert: zum einen die Auferstehung nur der Gerechten, zum anderen die allgemeine Totenauferstehung, die aber schon in jüdischer Tradition verbunden sein konnten.[59] Er will damit gemäß seinem Rigorismus, der alle Christen auf den Gehorsam bis zum Martyrium verpflichtet, dem »privilegierten« Status der Märtyrer Ausdruck verleihen, andererseits aber auch der gängigen Tradition vom allgemeinen Gericht nach den Werken Rechnung tragen. Damit wird neuerlich der funktionale und aspekthafte Bildcharakter der Aussagen deutlich. Es soll gezeigt werden, wie sich Gottes Macht immer mehr in der Geschichte durchsetzt, bis alle Feinde Gottes (und der Christen) besiegt sind. Zugleich wollen die wuchtigen Bilder erschrecken und zur Bewährung rufen (vgl. V. 15).

8.2 Neuer Himmel, neue Erde, neues Jerusalem (Offb 21,1–22,5)

Offb 21,1–22,5 schildert das Leben in der neuen Welt. 21,1–8 stellt die Bedeutung der eschatologischen Vollendung für die irdische Christengemeinde klar; 21,9–22,5 beschreibt die Erscheinung des neuen Jerusalem.

Prolog 21,1–8: Die Doppelvision V. 1f. kündigt mit alttestamentlichen Motiven das umfassende Endheil und die Vollendung schlechthin an:

1 Dann sah ich einen neuen Himmel und eine neue Erde;
  denn der erste Himmel und die erste Erde sind vergangen,
  auch das Meer ist nicht mehr.
2 Ich sah die heilige Stadt, das neue Jerusalem,
  von Gott her aus dem Himmel herabkommen;
  sie war bereit wie eine Braut, die sich für ihren Mann geschmückt hat.

Beide Visionen betonen im Sinn einer endgültigen Zeitenwende, daß Gott schließlich alles neu macht. Das erste Bild greift den Schöpfungsbericht auf; wie die erste geht auch die neue Schöpfung ganz auf Gott zurück. Zugleich erfüllt sich darin die Verheißung Jes 65,17 (s. AT-Teil D.4). Das Nicht-mehr-Sein des Meeres ist als Bild erkennbar, steht doch das Meer für Lebensfeindlichkeit, Chaos und gottfeindliche Macht (vgl. Offb 13,1), deren Vernichtung schon zuvor (Kap.19f.) festgestellt wurde. Aber auch das Vergangensein des ersten Himmels und der ersten Erde muß keine reale Vernichtung des bestehenden Kosmos (mit folgender Neuschaffung) bedeuten. Eine solche würde der positiven Bewertung der Schöpfung in 4,11 und (implizit) 19,6 widersprechen. Zudem bleibt zu beachten, daß der »neue« Himmel und die »neue« Erde sofort in den Kontext des »neuen« Jerusalem (V. 2) gerückt werden (vgl. schon Jes 65,17f.). Dann tritt die kosmische Terminologie völlig zurück, und es steht nur noch das neue Jerusalem im Vordergrund: als Symbol für den eschatologischen Herrschaftsbereich Gottes, in dem die Heilsgemeinde ihren Ort findet und die endgültige Gemeinschaft der Menschen mit Gott und untereinander realisiert ist.[60] So sind auch »der neue Himmel und die neue Erde« ein »kosmologisches« Bild für das universale Heil. Gottes Wohnstätte und die der Menschen sind eins. Der Vergleich des »neuen Jerusalem« mit der geschmückten Braut weist voraus auf die »Braut des Lammes« (21,9; vgl. 19,7), die vollendete Heilsgemeinde.[61]

Die erste Deutung der Eingangsbilder (V. 3f.) zeigt, daß damit alttestamentliche Verheißungen erfüllt sind.[62] Die Bundesformel (vgl. Jer 31,33; Sach 8,8 u.ö.) wird über Israel hinaus universal erweitert: »und sie werden seine Völker sein«. Im Anschluß an Jes 25,8 heißt es, daß Gott »alle Tränen von ihren Augen abwischen« wird, daß es weder Tod noch Trauer noch Klage noch Mühsal mehr geben wird. Die Konklusion: »Denn was früher war, ist vergangen« und die anschließende Gottesrede (V. 5f.) sagen unter Anspielung auf Jes 43,18f., daß Gott tatsächlich alles neu macht. Die umfassende Gültigkeit dieser Aussage übertrifft selbst die paulinische Rede von der »neuen Schöpfung« (2 Kor 5,17). Das vollendete Heil zeigt sich auch im Bild vom Lebenswasser (vgl. Jes 55,1): Aller Durst nach Leben wird in der endgültigen Gemeinschaft mit Gott gnaden- und geschenkhaft gestillt. Diese erlangt aber nur (so V. 7f.), wer in Leid und Bedrängnis treu bleibt (»siegt«)[63]; ihm gilt die modifizierte Adoptionsformel: »Ich werde ihm Gott sein, und er wird mir Sohn sein« (vgl. 2 Sam 7,14).

Das Neue Jerusalem (21,9–22,5): Klarheit, Reinheit, Größe und Harmonie der Stadt ergeben ein Gegenbild zum irdischen Babylon (d.h. Rom: 17,1ff.), der Stadt der Willkür, Gewalt und Unreinheit, die zum Götzendienst verführt. Um die Stadt in ihrer Pracht darzustellen, lehnt sich Johannes an die Vision Ez 40–48 an (s. AT-Teil D.5). »Sein« Jerusalem liegt aber nicht mehr unzugänglich auf dem hohen Gottesberg, sondern kommt auf die Erde wie auf eine Ebene herab; es ist offen für alle Menschen. Dazu paßt, daß es in ihm keinen Tempel mehr gibt, während bei Ez nur der Tempel (als Sitz Gottes) beschrieben wird, nicht die Stadt. Das endzeitliche Jerusalem wird also selbst zum Tempel. Es kommt zwar aus dem Himmel, ist »Himmel auf Erden«, aber offener Himmel, allen Erlösten frei zugänglich.

Nach der Schilderung der äußeren Erscheinung, der Ausmaße und Baumaterialien beschreibt Offb 21,22–27 das vollendete Leben in der Stadt: Gott und das Lamm übernehmen die Herrschaft und gewähren der vollendeten

Heilsgemeinde unmittelbare Lebensgemeinschaft. Von Gottes Herrlichkeit ständig erleuchtet, braucht die Stadt weder Sonne noch Mond. Es gibt in ihr keine Dunkelheit mehr (vgl. Sach 14,7), daher stehen die Tore, deren nächtliche Schließung sonst zum Schutz der Bevölkerung dient, immer offen. So können auch »die Völker« im Licht der Stadt wandeln und die »Könige der Erde« die Pracht und die Kostbarkeiten der Völker zum Zeichen der Huldigung in die Stadt bringen (vgl. Jes 60,3.11). Gemeint sind wohl die Geretteten und Erlösten aus allen Nationen, die durch das Blut des Lammes losgekauft (5,9; 7,9) und in das Lebensbuch eingetragen sind, weil sie der Verführung zum Götzendienst widerstanden haben. Sie alle bringen die Schätze ihres rechten Lebens in die Gottesgemeinde ein.

In 22,1–5 kommt schließlich das paradiesische Wesen der Stadt zur Sprache, das sich in überbordender Fruchtbarkeit und Leben in Fülle äußert. Der die Stadt durchziehende Strom des Lebenswassers (vgl. Gen 2,10–14), Symbol des vollendeten und erfüllten Lebens, entspringt nicht mehr wie die Quelle Ez 47,1 am Tempel, sondern direkt am Thron Gottes und des Lammes, dem Symbol ihrer vollkommenen Herrschaft. Am Strom als unerschöpflicher Lebensader der Stadt und entlang der Straße als Symbol für Gemeinschaft und Kommunikation steht eine ganze Allee von Lebensbäumen, die zwölfmal im Jahr Frucht bringen (vgl. Ez 47,7.12). Damit übertrifft das neue Jerusalem den Garten Eden mit dem einen »Baum des Lebens«. Durch die Blätter der Bäume teilt sich die Lebenskraft, die vom Thron Gottes ausgeht, den Erlösten aus den »Völkern« mit. Deshalb und weil kein Gebot mehr existiert, dessen Übertretung den Tod bedeuten würde (Gen 2,17; 3,3), gibt es nichts »Verfluchtes«, dem Verderben Anheimfallendes mehr. Die Vollendung besteht schließlich darin, daß die Erlösten als Gottes Eigentum (mit seinem Namen auf der Stirn) mit ihm »herrschen«. Da kein Objekt genannt wird, ist einfach die umfassende Teilhabe am Leben Gottes und des Lammes gemeint.

Der Prophet Johannes tröstet seine bedrängten Gemeinden, indem er in suggestiven, dem Alten Testament und der jüdisch-apokalyptischen Tradition entlehnten Bildern eine heilvolle Gegenwelt zur bedrückenden Gegenwart erstehen läßt. Er will keine realistische Sicht des Endgeschehens entwerfen, sondern im Wissen um die im Christusereignis erfolgte Zeitenwende seinen Mitchristen versichern, daß sie eigentlich schon in der Endzeit leben, daß die letzte Vollendung freilich noch aussteht. Der visionäre Ausblick auf die Bedrängnisse, aber auch auf die unaufhaltsame Niederringung der Mächte des Bösen, das eschatologische Gericht, die endgültige Durchsetzung der Königsherrschaft Gottes (vgl. das »hymnische Finale« 19,6) und die vollendete Heilszeit sollen Kraft zum Durchhalten geben. Weil Christus durch Leiden und Tod von Gott zum Leben geführt wurde, ist die Macht des Bösen und des Todes im Ansatz gebrochen, ist dem Lamm von Gott Macht gegeben über alle gottwidrigen Mächte der Geschichte (von 5,5–7 bis 19,11–21), ist die Durchsetzung der Königsherrschaft Gottes gewiß und das Leben allen eröffnet, die sich im Bekenntnis bewähren.

9. Befreiung der Schöpfung zur Freiheit und Herrlichkeit der Kinder Gottes (Röm 8,18–22)

Bei der Rede vom »neuen Himmel« und von der »neuen Erde« handelt es sich um Bildaussagen, die nicht einfach auf eine reale »Neugestaltung«, »Umwandlung« o.ä. der bestehenden Schöpfung gedeutet werden können. Solches wurde freilich im Interesse des Ausgleichs mit Röm 8,18–22 immer wieder versucht. Diese Stelle darf als Spitzenaussage im Neuen Testament gelten und ist entsprechend umstritten.[64]

18 Ich bin nämlich der Überzeugung,
   daß die Leiden der gegenwärtigen Zeit nicht ins Gewicht fallen
   gegenüber der künftigen Herrlichkeit, die an uns offenbar werden soll.
19 Denn das sehnsüchtige Verlangen der Schöpfung
   erwartet die Offenbarung der Söhne Gottes.
20 Denn der Nichtigkeit wurde die Schöpfung unterworfen,
   nicht nach eigenem Willen, sondern wegen dem, der (sie) unterworfen hat,
   auf Hoffnung hin.
21 Denn auch die Schöpfung selbst wird befreit werden
   von der Sklaverei der Vergänglichkeit
   zur Freiheit der Herrlichkeit der Kinder Gottes.
22 Wir wissen nämlich, daß die ganze Schöpfung zusammen seufzt
   und zusammen in Wehen liegt bis jetzt.

In der Eingangsthese gibt Paulus (ähnlich 2 Kor 4,17f.) der Hoffnung Ausdruck, daß die den Glaubenden offenstehende Zukunft das Elend der Gegenwart (in dem zugleich die der endgültigen Heilszeit vorausgehenden Bedrängnisse anklingen) nicht nur ausgleichen, sondern unvergleichlich überstrahlen wird. Die Frage, was denn diese überschwengliche Aussicht begründet, beantwortet er aber nicht mit dem Hinweis auf den auferstandenen Herrn, sondern mit dem angespannten, verlangenden Harren der außermenschlichen Schöpfung (V. 19). Ihr ganzes Sein ist Sehnsucht nach Erfüllung, die in der »Offenbarung der Söhne Gottes«, d.h im Offenbarwerden von Gottes Herrlichkeit am vollendeten Menschen, besteht.

V. 20 erläutert, warum sich die Schöpfung in einem harrenden Verlangen befindet: Sie wurde der »Nichtigkeit«, d.h. Vergeblichkeit, Desintegration und Bezugslosigkeit unterworfen (vgl. Röm 1,21.25). Damit ist auf Gen 3,17f. angespielt. Die Unterwerfung geschah seitens der Schöpfung »ohne eigenen Willen«; zwang- und schicksalhaft wurde sie in das Geschick des sündigen Menschen hineingezogen.[65] »Wegen dem, der unterworfen hat« meint aber wohl nicht Adam, sondern Gott.[66] Er selbst hat die dem Menschen zugeordnete Kreatur der von der Sünde bewirkten Konsequenz (vgl. Röm 1,24; 5,12ff.) unterstellt, aber »auf Hoffnung hin«: Er hat die Schöpfung in der Hand behalten, ihr Aussicht auf Befreiung gewährt. – V. 21 entfaltet diese Aussicht und erklärt zugleich V. 19. Die Schöpfung ist nicht nur Zuschauerin der endgültigen Befreiung des Menschen, sondern davon betroffen.[67] Es geht um die Befreiung von der »Sklaverei der Vergänglichkeit«, d.h. von der Nichtigkeit und Sinnlosigkeit, die sich als Verderben in jedem Bereich der

93

Schöpfung äußert. Das Ziel ist die »Freiheit der Herrlichkeit der Kinder Gottes«, ein volles, unangefochtenes Sein in Gottes Lebenswirklichkeit, wie Gott es den Menschen von Anfang an zugedacht (Ps 8,6) und im Auferstandenen schon realisiert hat. Die unvergängliche »Herrlichkeit« wird zugleich endgültige »Freiheit« sein. In diese wird auch die außermenschliche Kreatur hineingenommen und damit zur eigenen Wirklichkeit befreit werden. – V. 22 bringt den Gedankengang zum Abschluß. Die Glaubenden können überzeugt sein, daß es so kommen wird, wie V. 21 prognostiziert, denn sie wissen, daß durch die ganze Schöpfung ein Stöhnen geht, das auf eine tiefe Sehnsucht, damit aber auf das kommende Heil deutet. Als Stöhnen einer Gebärenden[68] ist es Zeichen der Hoffnung: es kündigt nicht den Tod an, sondern die künftige Vollendung als Teilhabe an der Freiheit und Herrlichkeit. Auch wenn nicht genau zu bestimmen ist, wie Paulus sich die vollendende Einbeziehung der außermenschlichen Schöpfung in die Freiheit und Herrlichkeit der Kinder Gottes vorstellt, so enthält die Stelle doch einen enormen Anspruch: Wenn Mensch und Schöpfung eine solidarische Leidens- und Hoffnungsgemeinschaft bilden, wenn die letzte Bestimmung der Kreatur ihre Teilhabe an der endgültigen Herrlichkeit und Freiheit des Menschen ist, ergibt sich wohl die Verpflichtung, dies seitens des Menschen (des Christen zumal) für die Schöpfung spürbar zu machen. Wenn die Getauften den Geist besitzen, der ihnen jetzt schon das Angeld eschatologischer Freiheit schenkt (Röm 8,2.14–17; 2 Kor 3,17), wenn sie schon jetzt »neue Schöpfung« sind (2 Kor 5,17; Gal 6,15), so muß das auch auf ihr Verhältnis zur Schöpfung durchschlagen. Die einzigartige Aussage von Röm 8,18–22 liegt jedenfalls darin, daß die zu Ostern erfolgte Zeitenwende nicht nur die einzelnen Glaubenden in einen dynamischen Prozeß stellt, der in der endgültigen Gemeinschaft mit Gott und dem erhöhten Herrn seine Vollendung finden wird, sondern die gesamte Schöpfung darin einbezieht.[69] Der stark bildhafte Charakter der Aussagen warnt aber davor, hier allzu Genaues und realistisch Exaktes entnehmen zu wollen.

E. Präsentische Eschatologie der Frühen Kirche

Aus der Oster- und Geisterfahrung resultierte in der Frühen Kirche eine zunächst hochgespannte, dann stärker reapokalyptisierte und universalisierte Erwartung der Parusie des Herrn. Zugleich hielt man aber den präsentischen Aspekt der Zeitenwende immer aufrecht. Das Wissen, daß in Christus das Entscheidende schon geschehen und die Gegenwart daher eschatologisch bestimmt ist, verhinderte Frustration und Hoffnungslosigkeit angesichts der ausbleibenden Parusie und war immer wieder Impuls zu einer dem Geist des Auferstandenen entsprechenden Praxis.

1. Ansätze bei Paulus

Mit dem Christusereignis ist für Paulus »die Fülle der Zeit« (Gal 4,4), ja sogar »das Ende der Zeiten« (1 Kor 10,11b) gekommen. Die apokalyptisch erwartete Zeitenwende, »der Tag der Rettung (bzw. des Heils)« ist »jetzt« (2 Kor 6,2), in dieser Zeit und Geschichte, schon erfolgt. Damit ist die Vollendung noch nicht erreicht, aber das volle Heil rückt dynamisch näher (Röm 13,11f.). Das Schon und Noch-Nicht gilt auch für den Glaubenden persönlich. Weil Christus »in ihm lebt«, d.h. zur seinsbestimmenden Macht für ihn geworden ist (Gal 2,19f.), ist er zwar in der Mühsal und Bedrängnis seines irdischen Lebens immer wieder dem Tod ausgeliefert, doch wird gerade darin auch »das Leben Jesu an unserem sterblichen Fleisch offenbar« (2 Kor 4,11; vgl. 4,7–12; 6,8–10). Am Christusereignis selbst ist ablesbar, daß das Aufgeriebenwerden des »äußeren Menschen« ein »ewiges Gewicht an Herrlichkeit« schafft (2 Kor 4,16f.) und die Mitverherrlichung mit Christus sowie die endgültige Rettung getrost erhofft werden können (Röm 5,3–5; 8,17f.24.28–30). Das entscheidende Ereignis, das in Jesu Todesgeschick hineinnimmt, aber auch zu neuem Leben befähigt und unzerstörbare Hoffnung auf volle Lebensgemeinschaft mit Gott gibt, ist die den Glauben besiegelnde Taufe. Röm 6,3–11 bringt das charakteristische Verhältnis von Schon und Noch-Nicht, aber auch von Indikativ und Imperativ deutlich zum Ausdruck:

4 Wir wurden ja mit ihm (Christus) begraben durch die Taufe auf den Tod,
damit, wie Christus von den Toten auferstand durch die Herrlichkeit des Vaters,
so auch wir in der Neuheit des Lebens wandeln.
5 Denn wenn wir mit ihm verbunden und ihm gleichgeworden sind
in seinem Tod,
dann werden wir mit ihm auch in der Auferstehung vereinigt sein. (...)
8 Wenn wir aber mit Christus gestorben sind,
glauben wir, daß wir auch mit ihm zusammen leben werden. (...)
11 So erachtet auch ihr euch als Tote zwar für die Sünde,
als Lebende aber für Gott in Christus Jesus.

Paulus setzt voraus, daß der Glaubende schon Anteil am neuen Leben besitzt. Er leitet aber aus Christi Auferstehung zunächst die ethische Verpflichtung ab, daß die Getauften und damit zu Christus Gehörenden als neue Menschen ganz für Gott leben sollen (V. 4c.11). Ihre Auferstehung und volle Lebensgemeinschaft mit Christus ist dagegen noch Hoffnungsgut (vgl. das Futur V. 5.8). Nicht schon die Auferstehung selbst ist in der Taufe vollzogen worden (vgl. aber Kol 2,12; 3,1; Eph 2,6), sondern eine erste Anteilgabe am Leben des Auferstandenen und eine Hinordnung auf die endgültige Verherrlichung mit ihm. Das anfanghaft zugeeignete neue Leben (Indikativ) muß sich in allen menschlichen Bezügen hier und jetzt durchsetzen (Imperativ).

Ähnlich ist 2 Kor 5,14–21 zu deuten: Dank der Lebenshingabe Jesu für alle zählt Paulus sich und die Adressaten zu den schon »Lebenden«, erläutert dies aber sogleich als »nicht mehr für sich selbst leben, sondern für den, der für sie starb und auferweckt wurde« (V. 15). Der darin enthaltene Imperativ zeigt an, daß die Teilhabe am Leben Christi nicht schon vollendet ist, er setzt aber zugleich ein wirkliches Neuwerden in der Taufe voraus. Deshalb kann Paulus wenig später im Blick auf den Getauften sagen: »Wenn also jemand in Christus ist, ist er eine neue Schöpfung; das Alte ist vergangen, Neues ist geworden« (V. 17; vgl. Gal 6,15; 1 Kor 6,11). Er vermeidet also für die Taufe die Begriffe »lebendig machen«, auferstehen«, »gerettet werden«; er unterscheidet zwischen dem Gerechtfertigtsein in der Gegenwart und der erst für die Zukunft erwarteten Rettung (Röm 8,24).[70] Er ist aber überzeugt, daß die »Neuschöpfung« in der Taufe wirklich aus der Macht der Sünde und des Todes befreit, in ein versöhntes Verhältnis zu Gott setzt (vgl. 2 Kor 5,18–21) und »neues Leben« aus verbürgter Hoffnung schon jetzt ermöglicht. Die in Christus erfolgte Zeitenwende wird durch ihre Aneignung in Glauben und Taufe zu einer Daseinswende, die einer »neuen Schöpfung« gleichkommt.

Dasselbe äußert sich neben der häufigen Wendung »in Christus« bzw. »im Herrn« auch in den Angaben über die Teilhabe am Geist des Herrn.[71] Dieser Geist bewirkt jetzt schon eine Umwandlung »von Herrlichkeit zu Herrlichkeit« (2 Kor 3,18), die bei der künftigen »Verwandlung« in eine Existenz, die der Herrlichkeit des Auferstandenen entspricht (1 Kor 15,51f.; Phil 3,21), vollendet wird.

2. Präsentische Eschatologie in futurischem Horizont: Kolosser- und Epheserbrief

Im Kolosser- (um 70 n. Chr.) und Epheserbrief (um 90 n. Chr.), die aus der Paulusschule stammen und die Verkündigung des Apostels für neue Situationen aktualisieren, kommt die präsentisch-eschatologische Sicht des Taufgeschehens eindringlich zum Vorschein; der Ausblick auf die Parusie und die künftige Vollendung tritt dagegen zurück, bleibt aber als entscheidender Sinnhorizont erhalten. Schon Kol 1,12–14 fordert auf zum Dank an den Vater, »der uns entrissen hat aus der Macht der Finsternis und uns versetzt hat in das Reich des Sohnes seiner Liebe« (V. 13). In 2,11–13 wird die in der Taufe geschehene Übereignung an den Gekreuzigten und Auferstandenen als Auferwecken und Lebendigmachen bezeichnet:

11 In ihm wurdet ihr auch beschnitten
    durch eine nicht von Händen gemachte Beschneidung,
    im Ausziehen des Fleischesleibes, in der Beschneidung Christi;
12 ihr wurdet mit ihm mitbegraben in der Taufe;
    in ihm wurdet ihr auch mitauferweckt
    durch den Glauben an die Macht Gottes, der ihn aus den Toten erweckte.
13 Und euch, die ihr tot wart in den Übertretungen
    und in der Unbeschnittenheit eures Fleisches,
    mitlebendig gemacht hat er euch mit ihm,
    indem er uns alle Übertretungen vergab.

Nach dem grundlegenden Hinweis, daß die Christen schon Gemeinschaft mit der in Christus gegebenen »Fülle« göttlichen Lebens und Segens erhalten haben (V. 9f.), wird die Taufe als durch oder in Christus erfolgte »Beschneidung« bezeichnet.[72] Als solche ist sie ein »Ausziehen des Fleischesleibes«, d.h. ein Ablegen der ängstlichen Verfallenheit an die Mächte der Welt (vgl. 2,20). Das wird mit dem Taufgeschehen selbst erklärt. Anders als Röm 6,4–11 streicht der Kolosserbrief aber den Gegenwartscharakter der darin geschenkten Gemeinschaft mit Christus heraus: Die Christen sind in der Taufe schon mit Christus auferweckt worden und nehmen an seiner Herrschaft teil. Das Umstürzende ist bereits geschehen, die Angst vor dämonisierten Weltelementen damit gegenstandslos. Die Rückbindung an den Glauben an Gottes Macht, die er in Christi Auferweckung erwiesen hat, verhindert aber (gut paulinisch) ein enthusiastisches Mißverständnis. Gottes Tat an Christus wie an den Christen ist nur im Glauben erfahrbar und daraus erst wirksam. Schließlich wird den Adressaten verdeutlicht, daß die Taufe sie vom Todescharakter ihres alten Lebens in den heidnischen Lastern befreit hat. Gott hat sie in der Taufe mit Christus »lebendiggemacht«, d.h. ihnen den Anfang eines neuen Lebens ermöglicht, indem er ihnen alle bisherigen Verfehlungen vergab. So wird das »Mitauferwecktsein« erläutert und von der befreienden Dimension des Todes und der Auferstehung Jesu her (V. 14f.) nochmals untermauert.

In 3,1–4 wird diese präsentische Sicht der Taufe allerdings mit dem Imperativ verbunden und in den Horizont futurischer Vollendung gerückt:

1 Wenn ihr also mit Christus auferweckt wurdet, sucht das Oben,
   wo Christus ist, zur Rechten Gottes sitzend.
2 Das Oben denkt, nicht das auf der Erde!
3 Denn ihr seid gestorben, und euer Leben ist verborgen mit Christus in Gott.
4 Wenn Christus offenbar wird, unser Leben,
   dann werdet auch ihr mit ihm offenbar werden in Herrlichkeit.

Das Auferstandensein mit Christus in der Taufe wird nun zur Grundlage des mahnenden Aufrufs. Es ist nicht einfach schon die Vollendung, sondern

»suchende« Hinordnung, immer tieferes Sich-Einlassen auf die Welt Gottes bzw. des erhöhten Herrn (»das Oben«). Christi »Sitzen zur Rechten Gottes« (vgl. Ps 110,1), seine Erhöhung und himmlische Herrschaft, bedeutet auch die endgültige Zukunft der Glaubenden, doch ist deren neues Leben noch eine verborgene Größe. Dieser Vorbehalt weist eine Fehldeutung präsentischer Eschatologie zurück. Erst beim »Offenbarwerden« Christi in seiner Parusie (hier zum einzigenmal im Kolosserbrief) tritt das verborgene Leben der Glaubenden endgültig in Erscheinung: als unzerstörbare Gemeinschaft mit dem Auferstandenen. Jedenfalls bringt die Zukunft nichts qualitativ Neues (im Sinn des paulinischen Schon und Noch-Nicht), sondern nur das In-Erscheinung-Treten dessen, was schon gilt (vgl. 1,13; 2,12f.; Eph 2,5f.). Eine künftige Totenauferstehung liegt offenbar nicht im Blick; auf eine Beschreibung der Parusie wird völlig verzichtet. Doch hält der Text fest: Nur der Glaube, der sich auf eine Vollendung richtet, die erst sichtbar macht, was wirkliches Leben ist, ist wahrer Glaube. Ähnlich wie Kol, aber noch pointierter, formuliert Eph 2,4–7:

4 Gott aber, der reich ist an Erbarmen,
   hat wegen seiner großen Liebe, mit der er uns geliebt hat,
5 gerade uns, die wir tot waren durch die Verfehlungen,
   mit Christus mitlebendig gemacht – durch Gnade seid ihr gerettet –
6 und hat uns mitauferweckt und miteingesetzt in den Himmeln in Christus Jesus,
7 damit in den herankommenden Äonen erwiesen werde
   der überragende Reichtum seiner Gnade in Güte gegen uns in Christus Jesus.

Gottes rettende Liebe schenkt in der Taufe den Übergang vom Tod zum Leben (vgl. Kol 2,12f.). Eph geht aber weiter als Kol: Das »Mitsterben« wird nicht mehr erwähnt; der Blick richtet sich allein darauf, daß uns Gott mit Christus »lebendig gemacht«, dadurch bereits »auferweckt und in den Himmeln eingesetzt« hat. Das »Gerettet-Sein« ist damit schon gegeben (im Unterschied zu Röm 8,24). Während Paulus im Kontext der Taufe die ethische Anforderung und die noch ausständige Vollendung betont, legt der Epheserbrief allen Nachdruck auf die Gegenwart des Heils. Die Akzentverschiebung ist unverkennbar, doch bleibt auch für den Epheserbrief ein künftiger Termin der endgültigen Vollendung (4,30) im Blick. »Mitauferweckt und miteingesetzt in den Himmeln« überträgt die Christusaussage bewußt auf die Christen, meint aber nun die Einbeziehung in die göttliche Heilsaktion, die über Christus und die Kirche (1,20–23) auf die Glaubenden zuläuft und sie mitumfängt. Was Gottes überreiche Gnade an den Christen gewirkt hat, wird sich durch die Kirche immer umfassender auszeitigen. Termin (etwa einer Parusie) ist keiner angegeben, bloß eine Erstreckung in die Zukunft. Doch wird die schon erfolgte »Einsetzung in den Himmeln« damit bestätigt.

Daß dem Getauften selbst dabei aber eine Aufgabe zukommt, sagt u.a. der Weckruf Eph 5,14: »Wach auf, der du schläfst, steh auf von den Toten, und Christus wird dir aufleuchten!« Diese Worte, die wohl aus einer Taufliturgie stammen, sehen in der Taufe ein Aufwachen und Auferstehen des Sünders, dem Christus das Licht und das Leben schenkt. Hier ist der Weckruf aber an schon Getaufte gerichtet: sie sollen »als Kinder des Lichtes« leben (V. 8). Ähnlich wie in Kol 3,1–4 wird die präsentische Zusage also mit dem Imperativ verbunden.

Daß die Aussagen über die schon in der Taufe erfolgte Auferstehung auch fehlinterpretiert werden konnten, lehrt die Warnung 2 Tim 2,17f. (um 100 n. Chr.) vor den Irrlehrern Hymenäus und Philetus, »die von der Wahrheit abgeirrt sind und behaupten, die Auferstehung sei schon geschehen, und bei manchen den Glauben zerstören«. Ob diese Meinung eine frühchristliche Gnosis widerspiegelt, wird diskutiert. Jedenfalls sieht der Autor in einer präsentischen Eschatologie, die den Zukunftsaspekt völlig ausschließt, eine Entstellung des paulinischen Evangeliums.

Der Kolosser- und der Epheserbrief übertragen die paulinische Vorstellung von Tod und Auferstehung aus dem zeitlichen Raster alttestamentlich-jüdischer Apokalyptik (Gegenwart/Zukunft) in das räumliche Schema hellenistischen Denkens (Unten/Oben). Für sie liegt das Eschaton nicht mehr in der Zukunft, sondern »oben« (Kol 1,13; 3,1; Eph 1,3; 2,6). Die Dominanz des räumlichen Modells über das zeitliche hebt aber die Zeit nicht einfach auf. Es wird noch eine Zukunft erwartet, die das Oben-Sein der Christen endgültig zum Vorschein bringt. Die Gefahr rein präsentischer Eschatologie ist damit gebannt und der Paulus so wichtige eschatologische Vorbehalt gewahrt, auch wenn nun (anders als bei ihm) die Zukunft unter dem Vorzeichen der Gegenwart steht und Offenbarung des gegenwärtig schon Gültigen ist.

3. Präsentische Eschatologie und futurisch-eschatologische Korrektur: Johannesevangelium und Erster Johannesbrief

Noch stärker als im Kolosser- und Epheserbrief tritt die präsentisch-eschatologische Sicht im Johannesevangelium (etwa 90 n. Chr.) und im Ersten Johannesbrief (etwa 100 n. Chr.) zutage. Allerdings mischen sich in die präsentische Perspektive auch futurische Erwartungen, so daß sich die Frage nach dem überlieferungskritischen wie theologischen Konnex beider aufdrängt. Ein markantes Beispiel ist Joh 5,24–29:

24 Amen, amen, ich sage euch,
   wer mein Wort hört und an den glaubt, der mich gesandt hat,
      hat ewiges Leben und kommt nicht ins Gericht,
      sondern ist vom Tod zum Leben hinübergegangen.
25 Amen, amen, ich sage euch,
   es kommt die Stunde, und sie ist jetzt da,
      da werden die Toten die Stimme des Sohnes Gottes hören,
      und die sie hören, werden leben.
26 Denn wie der Vater das Leben in sich hat,
   so hat er auch dem Sohn gegeben, das Leben in sich zu haben.
27 Und er gab ihm die Vollmacht, Gericht zu halten, weil er der Menschensohn ist.
28 Wundert euch nicht diesbezüglich!
   Denn es kommt die Stunde,

in der alle, die in den Gräbern sind, seine Stimme hören werden.
29   Und es werden herauskommen,
      die Gutes getan haben, zur Auferstehung des Lebens,
      und die Schlechtes getan haben, zur Auferstehung des Gerichts.

Der erste Abschnitt umfaßt die beiden gleichlautend eingeleiteten Amen-
Worte (V. 24f.), die durch eine doppelte Begründung (V. 26f.) unterstrichen
werden. Der zweite Abschnitt (V. 28f.) greift Termini und Motive des ersten
Teils auf, wandelt dessen Aussage aber entscheidend ab. Im Sinn präsentischer Eschatologie sagt der erste Teil jedem, der an den Sohn glaubt, schon
jetzt ewiges Leben zu. Durch den Glauben geht man bereits jetzt vom Tod
der Sünde ins wahre Leben hinüber und kommt nicht mehr ins Gericht,
weil die erwartete »Stunde« mit dem Kommen des Sohnes in die Welt schon
erfolgt ist (vgl. 3,18: »Wer an ihn glaubt, wird nicht gerichtet, wer nicht
glaubt, ist schon gerichtet ...«). Der zweite Abschnitt hingegen bietet in der
Diktion urkirchlich-apokalyptischer Verkündigung die traditionelle futurische Eschatologie, nach der in der noch ausstehenden »Stunde« (vgl. 1 Kor
15,52; 1 Thess 4,16) alle Begrabenen die Stimme des Menschensohn-Rich-
ters hören werden. »Hören« ist hier nicht einfach identisch mit »glauben«,
die »in den Gräbern« sind nicht bloß die Sünder (wie die »Toten« in V. 25),
ihr »Herauskommen« bedeutet nicht schon die Erlangung des wahren
Lebens, sondern erst die Scheidung in eine Auferstehung zum Leben oder
zum Gericht (vgl. 2 Kor 5,10; Mt 25,34.41.46). Der Text betont damit zum
einen, daß die endgültige Überwindung von Sünde und Tod schon gegenwärtig geschieht: im glaubenden Hören und Sich-Einlassen auf den Sohn
Gottes. Zugleich gilt aber der Hinweis auf eine künftige Auferstehung und
ein darauf folgendes Gericht, bis zu dem die gegenwärtige Errettung aus
dem Tod noch nicht endgültig und vollendet ist. Die Zukunftseschatologie
soll offenbar die Zusage der präsentischen Eschatologie vor einem Mißverständnis (vgl. 2 Tim 2,18) schützen. Obwohl das Johannesevangelium beide
Positionen tendenziell vereinbar erscheinen läßt, spricht doch vieles dafür,
daß die zukunftseschatologischen Aussagen Ergänzungen und Präzisierun-
gen entweder des Evangelisten selbst oder (wahrscheinlicher) eines späteren
Redaktors sind.
Präsentische und futurische Aussagen zur Eschatologie stehen auch in der
Brotrede Joh 6,26–58 nebeneinander. Als die Volksmenge nach dem Wun-
der der großen Speisung Jesus »sucht« (im Verlangen nach Sicherung ihres
Lebensunterhalts), stellt Jesus ihrem Bemühen um irdische Nahrung das
Bemühen um eine Speise gegenüber, »die zum ewigen Leben bleibt« (V. 27),
und bezeichnet mit einem »Ich bin«-Wort sich selbst als diese Speise (V. 35).
Als »Brot des Lebens«, das (wie das Manna in der Wüste) als »Brot Gottes«
vom Himmel gekommen ist (V. 32f.), vermag er das tiefste Verlangen nach
Leben zu stillen und vor dem Tod zu bewahren (vgl. 11,25; 14,6). Wer zu
ihm kommt, d.h. an ihn glaubt, besitzt dieses Leben schon und wird nicht
mehr hungern oder dürsten. Gegenüber dem Murren, das seinen Anspruch
als Anmaßung wertet (V. 41f.), bekräftigt Jesus, daß jeder Glaubende schon

das ewige Leben hat (V. 47), daß er selbst »das Brot des Lebens ist« (V. 48) und daß jeder, der davon ißt (d.h. an ihn glaubt), nicht mehr stirbt, sondern in Ewigkeit leben wird (V. 50–51b).[73]

Zu dieser präsentischen Sicht treten Aussagen, die eine sakramentale Vergegenwärtigung des Lebens hier auf Erden in den eucharistischen Gaben anzeigen. 6,27 spricht von einer Speise, »die für das ewige Leben bleibt«, die aber nicht mehr einfach mit Jesus selbst identisch ist, sondern die er als Menschensohn »geben wird«. Besonders der eucharistische Abschnitt V. 51c–58 handelt dann von dem Brot, das Jesus für das Leben der Welt »gibt« (V. 51c). Wer in Form der sakramentalen Gaben das Fleisch des Menschensohnes ißt und sein Blut trinkt, der hat ewiges Leben (V. 53–55), ist eins mit ihm, lebt durch ihn und wird (anders als die Väter, die das Manna gegessen haben) »leben in Ewigkeit« (V. 56–58). Das Leben, das dem an Jesus Glaubenden präsentisch zugesprochen ist, soll durch die sakramentale Lebensgabe präzisiert werden. Neben den Glauben als entscheidende Wende tritt der Empfang des Lebens in den eucharistischen Gaben. Beide Auffassungen schließen sich (in der Sicht des Redaktors oder schon des Evangelisten) nicht aus, sondern ergänzen einander.

Zudem wird die präsentische Sicht noch durch eine Reihe zukunftseschatologischer Bemerkungen modifiziert, welche die endzeitliche Auferweckung in den Blick rücken. So wird etwa die Gegenwartsaussage, es sei der Wille des Vaters, »daß jeder, der den Sohn sieht und an ihn glaubt, das ewige Leben habe«, durch den Hinweis ergänzt: »und ich werde ihn auferwecken am letzten Tag« (V. 40; vgl. 39.44.54 sowie 12,48). Solche Aussagen, die deutlich als modifizierende Zusätze erkennbar sind, bekunden offenbar einen Vorbehalt und wollen verdeutlichen, daß die gegenwärtige Lebensgabe im Glauben und im Empfang der eucharistischen Gaben auf eine endgültige Vollerfüllung im Sinn der traditionellen apokalyptischen wie urchristlichen Endzeiterwartung hingeordnet bleibt. Jedenfalls zeigt die vorliegende Fassung, daß die dominierenden Gegenwartsaussagen den futurischen Aspekt nicht ausschließen.[74]

Daß für das Johannesevangelium auch die Auferstehung eigentlich schon jetzt und nicht erst am »letzten Tag« erfolgt, zeigt die Lazarusgeschichte Joh 11,1–46. Marta formuliert auf Jesu Zusage hin, daß ihr Bruder auferstehen werde (V. 23), die jüdische und von den meisten Christen geteilte Erwartung der Totenauferstehung »am Jüngsten Tag« (V. 24). Dem setzt Jesus entgegen, daß die Auferstehung der Toten schon jetzt, und zwar durch ihn geschieht:

25 (...) Ich bin die Auferstehung und das Leben.
   Wer an mich glaubt, wird leben, auch wenn er gestorben ist;
26 und jeder, der lebt und an mich glaubt,
   wird nicht sterben in Ewigkeit. (...)

Jedem, der an Christus, »die Auferstehung«, glaubt, wird die Überwindung des Todes zugesagt. Wenn er schon gestorben ist, wird er leben, und wer jetzt und hier als Glaubender lebt, wird den (eigentlichen) Tod niemals erleben. Die alles entscheidende Wende vom Tod zum Leben erfolgt also dann, wenn jemand an den in die Welt gesandten Sohn glaubt. Solches ist auch der von jüdisch-apokalyptischer Hoffnung beseelten Marta möglich (V. 27). Ähnlich wie in 5,24–29 wird aber die Verkündigung der schon gegenwärtigen Auferstehung hier dadurch relativiert, daß Jesus im Anschluß dem bereits vier Tage im Grab befindlichen Lazarus »mit lauter Stimme« aus dem Grab zu kommen befiehlt (V. 43; vgl. 5,28). Die Erweckung steht gleichsam als Symbol für die eschatologische Auferstehung. Eigentlich hat das »Ich bin«-Wort V. 25f. in seiner präsentischen Ausrichtung das Wunder überflüssig gemacht. Wenn der Evangelist es dennoch schildert, zeigt er, daß die im Zum-Glauben-Kommen schon geschenkte Auferweckung hingeordnet bleibt auf die endzeitliche Vollendung.

Die eschatologischen Aussagen des Ersten Johannesbriefes schreiben die im Evangelium erkennbaren Tendenzen fort, doch tritt die futurisch-apokalyptische Dimension teilweise stärker hervor. Der Autor bedient sich einerseits der traditionellen Diktion vom künftigen »Tag des Gerichts«, von der »letzten Stunde«, die mit dem Auftreten des Antichrists gekommen ist, auch von der »Offenbarung« bei der Parusie[75], und fordert seine Adressaten auf, sich dafür bereitzuhalten. Zum anderen macht er sich in 3,14 die präsentische Sicht von Joh 5,24f. zu eigen, versieht sie jedoch mit einer neuen Begründung: »Wir wissen, daß wir vom Tod zum Leben hinübergegangen sind, da wir die Brüder lieben. Wer nicht liebt, bleibt im Tod.« Der Verfasser weiß, daß er und seine Adressaten nicht mehr dem Bereich des Todes zugehören und sich damit von der »Welt« (3,13), vom Bereich der »Finsternis« (1,6; 2,9.11) und der »Sünde« (3,4f.9) unterscheiden. Sie sind »hinübergegangen« in das Leben, also auferstanden. »Da wir die Brüder lieben« benennt wohl den Erkenntnisgrund für diesen Übergang (vgl. Joh 13,35): Die Bruderliebe, die freilich primär für den Binnenraum der Gemeinde gilt, ist Kennzeichen und Auswirkung des neuen Lebens und damit der Teilhabe an Gottes Liebe.[76] So erweist sich die johanneische Gemeinde als Gemeinschaft derer, die dem Gericht bereits entronnen, ja schon in den Bereich göttlichen Lebens eingetreten sind. »Wer nicht liebt, bleibt im Tod« betont aber, daß das Hinübergehen zum Leben noch nicht endgültig ist, und wehrt damit wohl ein Mißverständnis der präsentisch-eschatologischen Aussage von V. 14a ab. Ein Hinweis auf eine endzeitliche Auferstehung bzw. ein Gericht wie Joh 5,28f. fehlt jedoch.

Ein gutes Beispiel für die Verbindung von präsentischer und futurischer Sicht bietet auch 1 Joh 3,1–3:

1 Seht, welch große Liebe uns der Vater geschenkt hat,
   damit wir Kinder Gottes genannt werden – und wir sind es auch!
   Deswegen erkennt die Welt uns nicht, weil sie ihn nicht erkannt hat.
2 Geliebte, jetzt sind wir Kinder Gottes,
   und es ist noch nicht offenbar geworden, was wir sein werden.
   Wir wissen, wenn er offenbar wird, werden wir ihm ähnlich sein,
   denn wir werden ihn sehen, wie er ist.
3 Und jeder, der diese Hoffnung auf ihn hat, heiligt sich, wie auch jener heilig ist.

Das Geschenk der Liebe Gottes, die im Christusereignis, im Zum-Glauben-Kommen und in der Eingliederung in die Gemeinde erfahren wurde, gibt den johanneischen Christen die Gewißheit, tatsächlich jetzt schon Kinder Gottes zu sein, und setzt sie zugleich in Opposition zur »Welt«. Was es aber endgültig heißt, »Kinder Gottes« zu sein, ist bis zum »Offenbarwerden« (zur Parusie) Gottes, das die Glaubenden in personale Ähnlichkeit zu ihm bringt und ihn sehen läßt, wie er ist, noch nicht klargeworden. Trotz der anerkannten Gegenwärtigkeit des Heils gibt es also noch einen eschatologischen Vorbehalt (vgl. auch 2,28; 4,17). Dieser aber verpflichtet zur Heiligung des Lebens, wie es Gott selbst entspricht.

Das Johannesevangelium und der Erste Johannesbrief wissen also um die Gegenwärtigkeit des Heils, um die im Glauben bzw. in der gemeindlichen Liebe sich ereignende und erweisende Errettung aus dem Machtbereich des Todes. Die alles entscheidende Wende, der Übergang aus dem Bereich der Finsternis und des Todes in den Raum des Lichtes und des Lebens erfolgt konstitutiv im Glauben an Jesus als den Gottgesandten und in der Bekehrung zu seinem Wort, ist aber engstens mit dem Empfang der Taufe (Joh 3,5) und der eucharistischen Gaben (6,51c–58), mit dem Eintritt in die Gemeinde als Raum des neuen Geistes verbunden. Diese Neuorientierung eschatologischen Denkens erwartet die endgültige Zeitenwende und die neue Welt nicht mehr für die Zukunft, sondern erachtet sie als schon realisiert. Der betonte Gegenwartsbezug des Heils bewahrt christliche Verkündigung vor bloßer Zukunftsvertröstung und ist eine faszinierende Aktualisierung der gemeinchristlichen Hoffnung auf Heilsvollendung. Wie die zusätzlichen Aussagen über das Endgericht, den Jüngsten Tag und die notwendige Heiligung des Lebens zeigen, ist damit aber der eschatologische Vorbehalt, wie ihn die ältere urchristliche Predigt (v.a. Paulus) betonte, nicht einfach aufgehoben. Die Gefahren der Individualisierung und Spiritualisierung, der Entweltlichung und der eigenmächtigen Vorwegnahme des Gerichts, die der präsentischen Eschatologie innewohnen, werden damit eingedämmt.

4. Präsentisch-eschatologische Akzente in weiteren Spätschriften

Die Überzeugung, daß die Zeitenwende schon mit dem Osterereignis sowie dem Eintritt in die christliche Gemeinde erfolgt ist, daß aber die endgültige Vollendung noch aussteht, findet sich auch in weiteren neutestamentlichen Spätschriften. Der Erste Petrus- und der Hebäerbrief können als Beispiele dienen.

Der Erste Petrusbrief (80–90 n. Chr.) bietet eine eigentümliche Mischung aus zukunfts- und gegenwartseschatologischen Aussagen. Einerseits steht der baldige Gerichtstag im Blickpunkt: als »Tag der Heimsuchung« (2,12), als »Gericht« (4,17), das ohne Ansehen der Person (1,17) erfolgt und Rechenschaft vor Gott, dem »gerecht Richtenden« (2,23), bedeutet, »der schon bereitsteht, zu richten die Lebenden und Toten« (4,5). Damit ist eine allgemeine Totenauferstehung im Rahmen des Jüngsten Gerichts angesprochen. Dieses Gericht ist auch von den Christen zu fürchten (1,17; 4,17f.). Die

Endereignisse werden in nächster Zukunft erwartet, so daß teilweise der Eindruck brennender Naherwartung entsteht: »Das Ende von allem ist nahegerückt« (4,7), die Leidenszeit ist nur noch kurz (1,6; 5,10), der Richter steht schon bereit (4,5). Das endgültige Heil wird mit frühjüdischen Begriffen als »Erbe«, »Leben«, »Herrlichkeit« und »Erlösung« bezeichnet.

Der christliche Tenor wird zum einen dadurch eingebracht, daß die Endereignisse mit der Parusie als »Offenbarung« Jesu Christi identifiziert werden (1,7.13; 4,13; 5,4). Zum anderen gilt das Christusereignis selbst bereits als Zeitenwende. Mit Christi Erscheinen »am Ende der Zeiten« (1,20), mit seinem Tod und seiner Auferstehung ist der neue Äon angebrochen (1,17–21). Den an ihn Glaubenden ist damit eine »Neugeburt« (durch die Taufe: 1,3.23; 2,2) und neues Leben geschenkt. Diese präsentische Eschatologie beruht auf Erfahrungen: Die Christen haben die Güte des Herrn »gekostet« (2,3), sind durch Christi Strieme »geheilt« (2,24), durch sein Blut aus ihrem früheren Leben »losgekauft« (1,18f.), »aus der Finsternis« in Gottes »wunderbares Licht gerufen« worden (2,9), sind »heimgekehrt« zum Hirten ihres Lebens (2,25). Die Taufe als Neugeburt zum Leben schenkt »lebendige Hoffnung« (1,3), die als »unverwesliches, unbeflecktes und unverwelkliches Erbe« im Himmel schon »aufbewahrt« ist (1,4). Sogar die »Leiden« werden zu gegenwärtigen Erfahrungen eschatologischen Heils: Die wegen ihres Christseins Geschmähten sind glücklich zu preisen, denn der stärkende Geist »ruht« auf ihnen (4,14) und gibt ihnen schon Anteil an der Herrlichkeit, die sonst erst für die Parusie verheißen ist. Die Bedrängnisse der Christen bedeuten zwar den Beginn des Gerichts beim »Haus Gottes« (4,17) und sind eine Feuerprobe des Glaubens (1,7a), gerade damit aber auch Quelle der Freude, ja des eschatologischen Jubels, denn der erprobte Glaube darf mit »Lob, Herrlichkeit und Ehre« rechnen bei der »Offenbarung Jesu Christi« (1,6–9).

Alle diese Elemente präsentischer Eschatologie sind in der Zeitenwende begründet, die im Christusgeschehen erfolgt und in der Taufe als Neugeburt am Glaubenden schon Realität geworden ist. Was für Christus gilt, gilt auch schon für die Glaubenden, auch wenn sie noch den Tag der Parusie und des Gerichts erwarten. Die aus dieser Gewißheit resultierende Hoffnung läßt die Christen alle Leiden, Anfeindungen und Bedrängnisse der Gegenwart, alles Fremdsein in der Welt neu bewerten.

Auch der Hebräerbrief (um 90 n. Chr.) ist überzeugt, daß das Christusereignis die alles entscheidende Wende (das »Ende der Zeiten« 1,2; 9,26) bedeutet. Zugleich läßt der Brief eine eschatologische Position erkennen, die (ähnlich Kol und Eph) stark räumlich geprägt ist. Das endgültige Heil liegt in der eigentlichen Wirklichkeit der oberen, himmlischen Welt. Durch seine Erniedrigung in das Todesleiden hat der Sohn »ein für allemal« die Entsühnung bewirkt und ist damit zum »Hohenpriester nach der Ordnung Melchisedeks« (5,6; 6,20) geworden, der endgültig in das himmlische Heiligtum eingetreten ist und zur Rechten Gottes thront (3,1–6; 4,14–16; 8,1f.; 10,19–22). Durch ihn ist der neue Bund begründet

(9,15–28) und die Vollendung schon himmlische Wirklichkeit (2,10; 5,9f. u.ö.). In ihm haben die Glaubenden einen »sicheren und festen Anker« im »Inneren hinter dem Vorhang« (6,19). In ihm gehen sie in das »Land der Ruhe Gottes« ein (3,7–4,11; vgl. Ps 95,7–11[77]). In ihm sind sie schon am himmlischen Ort angekommen, wie 12,22–24 mit kraftvollen Heilsperfekta sagt:

22 Ihr seid vielmehr zum Berg Zion hinzugetreten,
   zur Stadt des lebendigen Gottes, dem himmlischen Jerusalem,
   zu Tausenden von Engeln, zu einer festlichen Versammlung
23 und zur Gemeinschaft der Erstgeborenen, die im Himmel verzeichnet sind;
   zu Gott, dem Richter aller, zu den Geistern der schon vollendeten Gerechten,
24 zum Mittler eines neuen Bundes, Jesus ...

Zugleich aber warten sie auf die kommende »Stadt«, die »bessere Heimat« (11,8–10.14–16; 13,14), die künftige Welt und ihre Güter (2,5; 6,5; 9,11; 10,1; 13,14), auf die universale Durchsetzung der Herrschaft Christi (2,5–10; 10,13). – Die unter dem Noch-Nicht der Vollendung Leidenden, von der ausbleibenden Parusie Ermatteten und teilweise Resignierten (12,12f.) sollen durch die »schon jetzt« und für alle Zeiten gültige Festigkeit des Heils ermutigt werden. Im erhöhten Christus sehen sie bereits die Vollendung und haben als deren Gegenwartsgabe die »Zuversicht« (3,6; 4,16; 10,19.35), daß der »neue und lebendige Weg durch den Vorhang hindurch« von Christus erschlossen ist (10,19f.). Die Parusie (vgl. 9,28b; 10,25.37) wird nur vollenden und umfassend in Geltung setzen (2,8; 9,28b; 10,13), was in Christus gewirkt wurde und was im Erhöhten jetzt schon zugängliche Gegenwart ist. Wenn der Verfasser diese universale Durchsetzung mit Bildern aus Hag 2,6.21 als »Erschütterung« von Himmel und Erde bzw. als »Umwandlung« beschreibt (12,26f.), so verfolgt er kaum kosmologische Interessen, sondern hat das »unerschütterliche Reich« im Blick, das die Glaubenden empfangen (12,28) und das ihnen Anteil an der endgültigen Herrschaft des Sohnes gibt, der von Gott zum »Erben des Alls« eingesetzt ist (1,2).

Die ein für allemal gültige Gründung des Heils erfordert freilich, in der gewährten Sündenvergebung »festzustehen« (11,1), das »Bekenntnis der Hoffnung« (10,23) und die geschenkte Zuversicht »festzuhalten«. Die zugespitzte Rede von der Unmöglichkeit einer zweiten Vergebung und Umkehr (6,4–6; 10,26–31; vgl. 12,16f.) betont die Kehrseite der Heilsgewißheit, stellt damit aber nur das überragende Geschenk vor Augen, das man im Christusgeschehen und im Gläubigwerden erhalten hat. Darum liegt alles daran, die Bedeutung des eschatologischen »Heute« zu erkennen, d.h. in der Mühsal und Enttäuschung der irdischen Wanderschaft (3,7–4,11) sowie in der Bedrängnis (10,32–36) an Gott festzuhalten.

Es bleibt schwierig, die stark räumlich geprägte Eschatologie des Hebräerbriefes recht zu beurteilen und die präsentischen gegen die futurischen Akzente adäquat aufzurechnen. Deutlich wird aber, daß der Autor nicht nur zu einer beharrlichen Zukunftserwartung ruft, die die Durststrecke der Parusieverzögerung durchzustehen hilft, sondern von der im Christusgeschehen erfolgten Zeitenwende her das Gnadengeschenk betont, das hier und heute schon Vergebung, Zugang zu Gott und Leben aus getroster Zuversicht ermöglicht. Zugleich wissen sich der Verfasser und seine Adressaten aber im Warten auf die umfassende Durchsetzung des Christusheils bei der Parusie eins mit dem wartenden Gottessohn (2,8; 10,13; 13,14).

F. Schluß

1. Die eschatologischen Aussagen zur Zeitenwende im Neuen Testament sind *bildhaft, vielfältig, ausschnitthaft und wandelbar*. Je nach Aussageabsicht und Adressatensituation können sie in alttestamentlich-jüdisch-apokalyptischen Vorstellungen oder in hellenistisch-personalen Kategorien formuliert werden; sie können stärker futurisch- oder präsentisch-eschatologisch, eher individuell oder gemeindlich bis universal gehalten sein. Stets werden nur gewisse Bilder und Motive aus dem umfangreichen Repertoire in einer bestimmten Situation aktiviert.

2. Neutestamentliche Eschatologie ist *theozentrisch* grundgelegt. Gott ist Initiator und letztes Ziel der Zeitenwende. Das beginnt bei Johannes dem Täufer und der Basileia-Verkündigung Jesu, setzt sich fort über die österliche Formeltradition und die Aussagen über die Geisterfahrung und tritt in den entscheidenden Texten immer wieder hervor.

3. Neutestamentliche Eschatologie ist – unbeschadet ihrer theozentrischen Grundorientierung – *christozentrisch-soteriologisch* geprägt. Das Christusereignis bleibt die entscheidende Zeitenwende, mit der das Neue im alten Äon schon begonnen hat, die Rechtfertigung geschehen, die »neue Schöpfung« schon angebrochen ist, wie im Glauben, in der Taufe und einem Leben aus dem Geist erfahren werden kann. Diese Zeitenwende in Christus, die schon hier und jetzt neues Leben ermöglicht, bleibt aber auf eine letzte Vollendung, eine endgültige Durchsetzung von Gottes Reich hingeordnet, die erst eintritt, wenn das Böse und der Tod endgültig besiegt sind und die Heilsgemeinde vollends in den Lebensbereich Gottes und seines Christus eingegangen ist. Als Kehrseite der Soteriologie tritt häufig der Aspekt des Gerichts hervor, sei es als zu bestehendes Endgericht, sei es als Gericht, das in der Verweigerung des Glaubens, im Herausfallen aus der geschenkten Hoffnung und dem neuen Leben schon jetzt erfolgt.

4. Neutestamentliche Eschatologie ist auf die *Gemeinde der Glaubenden* bezogen. Sie hat letztlich nicht ein Individualheil oder die Rettung des einzelnen im Blick, sondern die vollendete Gemeinschaft der Glaubenden mit Gott und untereinander. Was in »Maranatha« und 1 Thess 4,17 anklingt, setzt sich in den pluralischen Hoffnungsaussagen vielfältig fort und findet im Bild des »Neuen Jerusalem« seinen Höhepunkt. Christliche Hoffnung schließt dabei das *Gottesvolk Israel* ein (vgl. Röm 11,26f.); die an Christus Glaubenden verstehen sich als in Kontinuität zu Israel stehende, auf dem Fundament Christi und der Apostel gründende Gemeinde, in der die endzeitliche Sammlung des Gottesvolkes und die unmittelbare Gemeinschaft mit Gott und seinem Christus im vollendeten Gottesreich erfüllt werden.

5. Neutestamentliche Eschatologie ist *gegenwarts- und weltbezogen*. Es geht ihr weder um Zukunftsvertröstung oder Zukunftsangst noch um einen En-

thusiasmus, der diese Welt und Geschichte überspringt. Es geht ihr vielmehr darum, aus dem Wissen um das in Christus Geschehene die Welt umzugestalten in der Teilnahme am »Werk des Herrn« (1 Kor 15,58). Auch die präsentisch-eschatologischen Aussagen bleiben »geerdet« und fordern notwendig eine dem erlösten Status entsprechende Praxis hier und jetzt. In den Zukunftsaussagen, die das Gericht und eine letzte Verantwortung vor Gott betonen, aber auch in den Bildern einer vollendeten Welt tritt das *gegenwartskritische* Moment deutlich hervor. Vorläufigkeit, Mängel und Mißstände der bestehenden Welt werden damit drastisch verdeutlicht. Ob die »*kosmologischen« Aussagen* über den Untergang der Welt, das Kommen eines »neuen Himmels und einer neuen Erde« bzw. die endgültige Befreiung der Schöpfung (Röm 8,21) eine reale »Vernichtung« dieser Welt bzw. deren eschatologische »Neugestaltung« meinen, ist umstritten. Vorrangig geht es um Bilder für Gottes umfassende Macht und den endgültig vollendeten Lebensbereich, an dem die Heilsgemeinde ihren Ort finden wird, der aber in der Kirche schon seinen Anfang nimmt.

6. Neutestamentliche Eschatologie schenkt *Gelassenheit, zuversichtliche Hoffnung und Gewißheit.* In Fortführung der Zuversicht Israels erkennt sie im Christusereignis die entscheidende Zeitenwende und den zuverlässigen Grund, auf dem alles weitere aufbaut. Weil in Christus die Rettung von Gott her erfolgt ist und die Aufrichtung seines Reiches bereits begonnen hat, ist schon befreites Leben möglich und – angesichts des nach wie vor erfahrenen Unheils – verbürgte Hoffnung gegeben auf die Vollendung der Gemeinschaft untereinander und mit Gott, auf die endgültige Teilhabe an seiner Herrschaft, wo Gott »alles in allem« sein wird (1 Kor 15,28). Daraus resultiert aber auch *der ethische Imperativ* zu einem befreienden Handeln der Glaubenden in dieser Welt. Weil Gott Sünde, Angst, Verzweiflung, Leid und Tod grundsätzlich überwunden hat, wie er in der Auferweckung seines Christus deutlich machte, sind die Glaubenden vom Zwang befreit, Heil und Rettung für die Welt aus eigener Kraft schaffen zu müssen. Zugleich aber werden sie zu einer Praxis der Liebe im Sinn Gottes befähigt und verpflichtet, gegen Angst, Verzweiflung, Krankheit, Leid, Unrecht, Krieg und Tod einzuschreiten – im getrosten Wissen, daß nichts von dem, was sie Positives schaffen, verlorengeht, sondern eingebracht wird in die »neue Welt«, in Gottes endgültiges Reich, mag sich dessen Vorstellung auch unserer begrenzten Phantasie entziehen. Was die Glaubenden als Vollendung erwarten, soll je neu in befreiendem und heilendem Handeln aus aller nur verfügbaren Kraft deutlich werden. Das gilt für die Zeit der ersten Kirche genauso wie für das dritte Jahrtausend.

Dialog

Altes Testament

Klaus Koenen

1. Was dürfen wir hoffen? – Dürfen wir hoffen? – Können wir etwas anderes als hoffen? — Wir können nichts anderes als hoffen! Darin sind sich Altes und Neues Testament einig. Aber weil es ein Hoffen auf Gott und seine Verheißung ist, hat die Hoffnung – auch darin sind sich die Testamente einig – einen Grund, ja wird die Hoffnung zur *Zuversicht*. Mehr noch: Der Blick in die Vergangenheit – auf die Heraufführung Israels aus Ägypten im Alten und auf die Auferweckung Christi aus dem Grab im Neuen Testament – zeigt, daß die Verwirklichung der Hoffnung bei Gott sicher verbürgt ist, hat er sich doch in der Vergangenheit als der Gott erwiesen, der Leben schenkt.

2. Beide Testamente verzichten darauf, ein geschlossenes Zukunftsszenarium zu entwerfen. Sie bewegen sich im Blick auf die Zukunft vielmehr im Tasten und malen *Bilder der Hoffnung*, die gerade in ihrer Vielfältigkeit wahrgenommen werden wollen. Auch heutige Leser sind deswegen nicht auf eine bestimmte Zukunftserwartung festgelegt, sondern dazu herausgefordert, die Bilder der Bibel zu meditieren, sie neu zusammenzustellen und sich von ihrem Geist zu neuen Bildern inspirieren zu lassen.

3. Die eschatologischen Vorstellungen beider Testamente sind *theozentrisch*. Wie auch immer die Zeitenwende aussieht, es ist Gott, der sie heraufführt, während die Empfänger der Verheißung ihr nur von Vorfreude erfüllt entgegenblicken, sie also nicht durch ihr Handeln bewirken, auch wenn sie ihr in ihrem Handeln entsprechen.

4. Die Hoffnung auf eine Zeitenwende verbindet Altes und Neues Testament, *Israel und die Kirche*. Dementsprechend hat die Evangelische Kirche im Rheinland 1996 in die Grundartikel ihrer Kirchenordnung das Bekenntnis aufgenommen: »Sie (sc. die Kirche) bezeugt die Treue Gottes, der an der Erwählung seines Volkes Israel festhält. Mit Israel hofft sie auf einen neuen Himmel und eine neue Erde« (Artikel I Abs. 8).

5. Neutestamentliche Eschatologie ist *christozentrisch*. Die Zeitenwende ist in Christus bereits erfolgt und wird in der Taufe für den Glaubenden schon jetzt Realität, auch wenn ihre Vollendung noch aussteht. Neutestamentliche Eschatologie ist damit – bei allen Differenzen innerhalb der einzelnen Schriften – von der Spannung zwischen Schon-Jetzt und Noch-Nicht bestimmt. Präsentische und futurische Eschatologie sind unlösbar aufeinander bezogen. Das ist im Alten Testament anders. Es kennt keine Spannung zwischen Schon-Jetzt und Noch-Nicht. Präsentische und futurische Eschatologie stehen hier in einem Gegensatz und sind unterschiedlichen Strömungen bzw. Gruppen zuzuordnen. Die Vorstellung von der Heilsgegenwart war für die Jerusalemer Tempeltheologie von fundamentaler Bedeutung, jedoch konnte diese ganz massiv von der Präsenz Gottes im Tempel aus denkende Theologie nach der Zerstörung des Jerusalemer Tempels

587 v. Chr. nicht mehr überzeugen. Wesentliche Gedanken, Vorstellungen und Bilder dieser Theologie wurden in späterer Zeit allerdings aufgenommen, um futurisch-eschatologischen Hoffnungen auf eine künftige Heilsgegenwart Ausdruck zu geben. Psalmen, die schon in der Königszeit im Rahmen der Jerusalemer Theologie entstanden sein mögen, wurden, als man sie in nachexilischer Zeit in den Psalter aufnahm, zukunftsbezogen gelesen. Deswegen spielt die für die Königszeit Israels so wichtige präsentisch-eschatologische Theologie für das erst später entstandene Alte Testament keine Rolle mehr. In dieser Zeit wurde die Zeitenwende erst für die Zukunft erwartet, deren Beginn man zum Teil allerdings unmittelbar bevorstehen sah. Die Zeitenwende wird in den Testamenten also unterschiedlich angesetzt, und das führt in den beiden Teilen des vorliegenden Buches zu unterschiedlichen Gliederungen und Gewichtungen. Während der alttestamentliche Teil präsentisch- und futurisch-eschatologischen Vorstellungen unter den Überschriften »Heilsgegenwart« und »Verheißungen einer Zeitenwende« je eigene Hauptteile widmet, differenziert der neutestamentliche Teil nur in Unterpunkten zwischen futurisch und präsentisch und will auch damit nicht einen Gegensatz anzeigen, sondern nur unterschiedliche Akzentsetzungen innerhalb der grundsätzlichen Zusammengehörigkeit von Schon-Jetzt und Noch-Nicht.

Als Untertitel hatte ich für das vorliegende Buch zunächst »Biblische Hoffnungen auf die Zukunft« vorschlagen wollen. Nach der Lektüre des neutestamentlichen Teils wurde mir jedoch klar, daß diese Formulierung zu einseitig vom Alten Testament her gedacht ist und den neutestamentlichen Vorstellungen von der Zeitenwende nicht gerecht wird, da diese immer auch auf schon Geschehenes zurückblicken.

6. Die eschatologischen Texte des Neuen Testaments stammen aus einem relativ kurzen, die des Alten Testaments dagegen aus einem sehr langen, ungefähr 600 Jahre umfassenden *Zeitraum* (8.–2. Jahrhundert v. Chr.). Innerhalb dieser langen Zeit hat sich die geschichtliche Situation enorm verändert und mit ihr auch die eschatologische Erwartung. In der Königszeit kann die Verheißung einer künftigen Heilszeit eine gegenwartskritische Funktion haben, in der Leidenszeit des Exils stiftet sie Hoffnung und trägt damit zum Überleben bei, in den dürftigen Jahren nach dem Exil richtet sie die Hoffnungen der enttäuschten Heimkehrer wieder auf, und in der Drangsal der Makkabäerzeit macht sie den Verfolgten Mut, im Glauben an den einen Gott durchzuhalten. Auch wenn die eschatologischen Vorstellungen des Neuen Testaments durchaus in unterschiedlichen Situationen entstanden und diese Unterschiede natürlich zu berücksichtigen sind, wir haben es hier nicht mit so gravierenden Veränderungen in der politischen Großwetterlage zu tun wie im Alten Testament. Aus diesem Unterschied ergibt sich, daß für die Darstellung der alttestamentlichen Eschatologie ein eigener diachroner Abschnitt (C) sinnvoll und notwendig ist, für die der neutestamentlichen sich dagegen eine Mischung von chronologischem und thematischem Aufbau als möglich erweist.

7. Die Kontinuität wie Diskontinuität zwischen den Testamenten, aber auch innerhalb beider Testamente, läßt sich sehr schön an der *Vorstellung vom Tag Jahwes* zeigen, dem Tag, der in gewisser Weise der Tag der Zeitenwende ist. Mit dem Tag Jahwes ist letztlich immer eine Tat Jahwes, ein grundlegender Eingriff Gottes gemeint. Im Rahmen der offiziellen Theologie der Königszeit galt dieser Tag als ein Tag des nationalen Heils, an dem Jahwe einen aktuellen Feind Israels vernichtet und sein Volk so rettet. Amos und andere Gerichtspropheten in seinem Gefolge haben diese Erwartung auf den Kopf gestellt und den Tag Jahwes als einen Unheilstag angekündigt, an dem Gott sein eigenes Volk vernichten werde (Am 5,18–20). Dementsprechend hat man später den Unheilstag der Geschichte Israels, den Tag der Zerstörung Jerusalems, als Tag Jahwes betrachtet (Ez 13,5; Klgl 1,12; 2,22). In nachexilischer Zeit hofft man wieder auf den Tag Jahwes, jetzt als den Tag, an dem Gott nicht nur einen bestimmten Feind, sondern in einem weltweiten kosmischen Eingriff alle Feinde ein für allemal schlagen wird (Joël 4,12ff), und zwar einschließlich aller Frevler innerhalb Israels (Mal 3,19ff). Im Neuen Testament wird aus dem Tag Jahwes unter Vermeidung des Gottesnamens der Tag des Herrn. Mit dem Herrn ist jetzt zuweilen Christus gemeint (vgl. S. 123, Anm. 20), und insofern verbindet sich mit dem Tag die Erwartung der Wiederkunft Christi als dem großen Ereignis, das die Zeitenwende vollendet (1 Thess 5,2; vgl. o. S. 73f.). Daneben wird auch der Sonntag als Herrentag bezeichnet, da man an ihm die Auferstehung Christi und damit den Beginn der Zeitenwende feiert (Offb 1,10; Barn 15,9). Der Sonntag ist als Tag des Herrn somit von der Spannung zwischen Schon-Jetzt und Noch-Nicht geprägt.

8. In der Vorstellung von der Zeitenwende drückt sich in beiden Testamenten der feste Glaube aus, daß Jahwe, der Gott des Alten Testaments und der Vater Jesu Christi, nicht den Tod, sondern das Leben des Menschen, ja aller Kreaturen will. Albert Schweitzer hat einmal gesagt: »Ich bin Leben, das leben will, inmitten von Leben, das leben will.« Jahwe, der Gott der jüdischen und christlichen Bibel, hätte diesen Satz von sich nicht besser formulieren können, allerdings muß er in seinem Mund ein wenig anders geschrieben werden: »Ich bin Leben, das Leben (!) will, inmitten von Leben, das leben will.«

Neues Testament
Roman Kühschelm

1. Die eschatologischen Vorstellungen, Motive und Bilder des Neuen Testaments sind ohne das Alte Testament undenkbar. Allenthalben zeigt sich eine enge *Verwandtschaft bzw. Abhängigkeit.* Teilweise hat das Neue Testament unter bestimmten Varianten ausgewählt, modifiziert, verändert und damit alttestamentliche Vorstellungen der christlichen Hoffnung adaptiert. Des öfteren gewinnen frühjüdische Weiterbildungen des alttestamentlichen Repertoires im Neuen Testament stärkeren Einfluß.

2. Wie im Alten Testament geht es im Neuen Testament nicht um eine exakte Prognostik und ein geschlossenes Szenario des Endgeschehens, sondern um *tastende Versuche,* das Ziel der Hoffnung und die Gewißheit der endgültigen Vollendung zu formulieren. Die zeitbedingten Vorstellungen, Motive und Bilder lassen sich nicht harmonisieren, sondern sind je nach Fragestellung, Situation und Intention verschieden, ausschnitthaft und funktional bedingt.

3. Wie im Alten Testament sind die eschatologischen Vorstellungen des Neuen Testaments *theozentrisch* orientiert: Gott ist es, der die Zeitenwende heraufführt und ihre Vollendung verbürgt. Die Adressaten dürfen dabei die Zuversicht haben, daß ihr positives Tun in Gottes endgültiges Reich Eingang finden wird. In all dem stehen das Neue Testament und die Kirche in Kontinuität zur Hoffnung Israels.

4. Während die eschatologischen Aussagen des Alten Testaments ausschließlich *theozentrisch* orientiert sind, sind die des Neuen Testaments – unbeschadet ihres theozentrischen Grundaspekts – *christozentrisch-soteriologisch* geprägt. Angelpunkt ist das Christusereignis, in dem das entscheidende Handeln Gottes erfolgt ist und sich von daher vollends auszeitigen wird. Das in Christus Geschehene bestimmt das Kommende, zugleich aber erschließt die Zukunft endgültig und umfassend das, was sich in Christus schon ereignet hat. Daher kommt das Neue Testament – über die universalistischen Ansätze des Alten Testaments hinaus – auch zum Bewußtsein, daß Gottes Rettungstat in Christus universal gültig und deshalb allen Völkern kundzumachen ist.

5. Durch das Christusereignis hat im Neuen Testament die *präsentisch-eschatologische Perspektive* größeres Gewicht als im Alten Testament. Sie zeigt sich bereits beim irdischen Jesus, in dessen Verkündigen und Wirken die Basileia Gottes angebrochen und alttestamentliche Hoffnungsbilder erfüllt sind. In der Auferstehung des Gekreuzigten ist die Macht des Bösen und des Todes im Ansatz gebrochen, sind Vergebung, Rechtfertigung und neues Leben grundsätzlich erschlossen, was in Glaube, Taufe, Geistbegabung und Gemeindebildung erfahrbar wird. Daher kann in einigen neutestamentlichen Spätschriften die Taufe sogar schon als »Auferstehen«, ja als »Einsetzung in den Himmeln« gelten.

6. Das präsentisch-eschatologische Bewußtsein steht im Neuen Testament aber unter einem *Vorbehalt,* der die Vollerfüllung erst von der Zukunft

erwartet. Daraus ergibt sich ein dynamisches Verhältnis von Schon und Noch-Nicht, durch das sich das Neue Tetament vom Alten Testament unterscheidet. Andererseits haben gerade die futurisch-eschatologischen Texte des Neuen Testaments eine besondere Nähe zu den der Apokalyptik nahestehenden alttestamentlichen Spätschriften und Redaktionen. Durch dunkle Gegenwartserfahrungen kann es sogar zu einer »Reapokalyptisierung« kommen, die das Heil erst von der Zukunft erwartet. Die österliche Gewißheit bleibt aber der Grundtenor auch solcher Aussagen.

7. Lassen die *präsentisch-eschatologischen Aussagen* des Neuen Testaments nur geringfügige alttestamentliche Anklänge erkennen, so treten solche in seiner Zukunftseschatologie um so markanter, freilich in einer dem Christusereignis entsprechenden Modifikation hervor (vgl. die Motive im AT-Teil D):

a) *Gottes Präsenz und seine Königsherrschaft* stellen auch im Neuen Testament die fundamentalsten eschatologischen Themen dar. Das beginnt mit dem Jes 52,7 aufgreifenden Resümee der Verkündigung und des Wirkens Jesu (Mk 1,14f.) und den frühkirchlichen Aussagen über das »Kommen des Herrn« und endet mit der Zusage von Gottes vollendetem Mitsein mit den Menschen in den Bildern des Neuen Jerusalem Offb 21f. Zugleich werden aber das Kommen und die endgültige Gemeinschaft vielfach christozentrisch aufgefaßt (1 Thess 4,16f. u.ö.), und der Zion als Ort des königlichen Herrschens Gottes spielt keine Rolle mehr. Das Kommen zum Gericht über die »Völker« kann auch im Neuen Testament bis zum Weltgericht (Offb 20; Mt 25), ja zur Weltvernichtung (2 Petr 3) gesteigert werden, um Gottes universale Macht – auch über jene, die sie in Frage stellen – bildhaft zu artikulieren.

b) »*Neuer Exodus*« und »*Wiedervereinigung Israels*« werden in eschatologischen Texten des Neuen Testaments kaum thematisiert. Aus Jes 43,16–21 wird – abstrahierend – nur das Motiv des Vergehens des Alten und der Schaffung des Neuen übernommen (vgl. 2 Kor 5,17; Offb 21,5). Die eschatologische Sammlung der Zerstreuten klingt im Neuen Testament an (Mk 13,27; Mt 8,11f.par.; Offb 21,3.24), sprengt aber die Israel-Zentrierung universal auf.

c) Das Thema des »*Neuen Jerusalem*« und die damit verknüpften Motive der Abschaffung von Weinen und Trauer, der wunderbaren Fruchtbarkeit, der umfassenden Heilung und der kosmischen Veränderung finden ihren deutlichsten Niederschlag in Offb 21f. Das schon in Jes 65,17–19 mit dem Neuen Jerusalem verbundene Motiv »*neuer Himmel/neue Erde*« wird im Neuen Testament stärker abstrahiert – als Symbol für Gottes universalen Lebensraum, in dem die Heilsgemeinde ihren endgültigen Ort findet (Offb 21,1f.9ff.) und in dem endlich »die Gerechtigkeit wohnt« (2 Petr 3,13) – und deutet damit kaum auf eine real-kosmische Neuschöpfung.

d) Das Motiv des »*neuen Tempels*« spielt in Offb 21f. trotz des intensiven Rückgriffs auf Ez 40–48 keine Rolle mehr (analog Deutero- und Tritojesaja), da Gott und das Lamm unmittelbar gegenwärtig sind. Der Verfasser versteht es aber, die damit verbundenen Motive der lebenspendenden Quelle und der fruchtbringenden Bäume entsprechend zu nutzen (Offb 22,1f.).

e) Das im Alten Testament äußerst komplexe Motiv »neuer Messias« wird im Neuen Testament auf wenige entscheidende Elemente reduziert, gleichzeitig aber mit der Gestalt des »Menschensohnes« verbunden. Seit der ältesten Ostertradition wird der eschatologische Heilskönig mit dem auferstandenen und erhöhten Herrn identifiziert, der von Gott bereits zum Menschensohn-Richter bestellt ist (vgl. Dan 7,13f.; äthHen 62,3.5). Dabei geht das Neue Testament über das Alte Testament hinaus: Der erhöhte Herr kommt nicht nur als eine Gabe der Heilszeit, sondern führt diese herauf.

f) Das Motiv der »Völkervernichtung« wird beim Täufer wie schon bei Amos auf Israel hin erweitert, tritt ansonsten aber nur in der Offenbarung zutage, die die unaufhaltsame Niederringung aller gottfeindlichen Weltmächte in drastischen Bildern schildert. Den Unterwerfungsgestus des Kommens von Völkern und Königen mit Schätzen (vgl. Jes 60,4–14) versteht Offb 21,24–26 hingegen als positiven Ausdruck der Bekehrung und Wallfahrt zum »Neuen Jerusalem« (nicht mehr zum Zion). Sonst wird im Neuen Testament aus dem Herbeiströmen der Völker eine Sendung zu allen Völkern (vgl. aber schon Jes 66,19f.), um diese zu Jüngern zu machen und ihnen Jesu messianisch interpretierte Tora zu verkünden (Mt 28,18–20). Zumeist geht es im Neuen Testament um eine universalistische und gewaltfreie Einbindung der Völker in das eschatologische Heils- und Friedensreich (vgl. auch Offb 21,3: »sie werden seine Völker sein«).

g) Das Doppelmotiv »Friede vor/mit den Tieren« findet in eschatologischen Aussagen des Neuen Testaments kaum ein Pendant (vgl. aber Mk 1,13). Die mit dem Tierfrieden gemeinte Einbeziehung der außermenschlichen Schöpfung in das eschatologische Heil wird jedoch in Röm 8,18–22 als Teilnahme an der Freiheit und Herrlichkeit der Kinder Gottes thematisiert.

h) Im Neuen Testament werden die mit der eschatologischen Vorstellung vom »neuen Volk« verbundenen Motive der Sündenvergebung, des neuen Bundes und des neuen Geistes (vgl. auch die »neue Schöpfung« sowie die Gleichstellung aller »in Christus«) vielfach appliziert. Eine Differenzierung von Gerechten und Sündern sowie ein Strafgericht über die Frevler (2 Petr 3,3–13) finden sich daneben aber genauso wie die Bilder vom Höllensturz (Offb 20,10.14) und vom Höllenfeuer (Mk 9,48; vgl. Mt 13,42 u.ö.).

i) Eine besondere Nähe zeigt sich zu dem in späten (meist apokalyptischen) Texten des Alten Testaments begegnenden Motiv »Auferstehung«. Das betrifft Aussagen zur individuellen Eschatologie (etwa Phil 1,23; Lk 23,43) ebenso wie die rettende Sammlung oder Auferstehung der Auserwählten bzw. Märtyrer (z.B. Mk 13,27; Offb 20,4–6), die endgültige Vernichtung des Todes (etwa 1 Kor 15,26; Offb 20,14) und die universale Auferstehung (z.B. Joh 5,28f.; Offb 20,12f.). Die Geretteten werden aber im Neuen Testament exklusiv als »die Toten in Christus«/»die des Christus« (1 Thess 4,16; 1 Kor 15,23) bzw. als jene identifiziert, die »am Zeugnis Jesu und am Wort Gottes festgehalten« haben (Offb 20,4). Die einmalige Verbindung von Auferstehung der Märtyrer und allgemeiner Totenauferstehung (Offb 20,4–13) steht stärker unter frühjüdischem Einfluß (vgl. syrBar 30; 50f.).

j) Der »*Beginn der Heilszeit*« wird im Neuen Testament zunächst als baldige Parusie des Herrn erwartet (1 Thess 4f.; 1 Kor 15 u.ö.). Bei deren Verzögerung hilft man sich mit einer »Dehnung der Zeit« (Lk/Apg), mit der Vorstellung einer notwendigen universalen Mission (Mk 13,10; Mt 28,19), mit Reapokalyptisierung (2 Thess 2), aber auch mit verstärkter Besinnung auf die Heilsgegenwart (bes. Kol, Eph, Joh, 1 Joh). Versuche, den Beginn der Heilszeit zu berechnen (vgl. Dan), gibt es im Neuen Testament nicht.

8. Dieser fragmentarische Überblick läßt für das Neue Testament wie das Alte Testament – neben vielem anderen – nochmals die bunte Vielfalt, Bildhaftigkeit, Zeitbedingtheit und spezifische Funktionalität der verwendeten Vorstellungen und Motive hervortreten. Den Zeitenwende-Aussagen der christlichen Bibel geht es um *keine Information* bzw. exakte Vorausschau auf die »Letzten Dinge«; sie wollen vielmehr in der jeweiligen Situation *appellativ und performativ* helfen, aus dem Vertrauen auf Gott und das, was er in Jesus Christus gewirkt hat, die Probleme der Gegenwart gemeinsam zu bewältigen und die Welt positiv zu gestalten. Sie geben die zuversichtliche Gewißheit, daß Gott die Vollendung des Menschen wie der Geschichte garantiert und in seiner »neuen Welt« allen, die an ihn sich halten, das endgültige Leben mit ihm schenken wird.

Anhang

Anmerkungen

Altes Testament

[1] G. M. Martin, Weltuntergang. Gefahr und Sinn apokalyptischer Visionen, Stuttgart 1984, 75.

[2] Vgl. Jes 1,27f.; 25,4f.; 26,4–6; 29,17–21; 33,7–16; 56 – 66; Jer 30,23f.; Ez 20,32–38; 34,17–22; Am 9,8b–10; Zeph 2,3.7.9b; 3,11–13; Mal 3,13–21.

[3] Vgl. Jes 3,10f.; 48,22; 50,10f.; Jer 17,5–8 und Nah 1,7f.(?).

[4] Gen 26,24; Jes 41,10; 43,5.

[5] Ez 43,7.9; vgl. Jes 60,1f.; Ez 36,9; 37,26; Zeph 3,15; Sach 2,14f.; 8,3.

[6] Jes 40,3f.; 43,5–7.19f.; 49,9–12.22; 52,12 (vgl. Ex 12,11).

[7] Z.B. Jes 11,11f.; 35,10; 49,5; 51,11; 54,7; 56,8; 60,4; Jer 3,12.14ff.; 29,14; 30,3; 31,8ff.; 32,37; Ez 11,16f.; 36,24; 37,21; Am 9,15; Mi 2,12; 7,12; Zeph 3,19f.; Sach 2,11; 8,7f.; 10,6.8.10 u.a.

[8] Ähnlich Ez 34,23f.; vgl. Jes 11,13f.

[9] Dtn 28,38ff.; Am 5,11; Zeph 1,13; Mi 6,14f.; Hag 2,16f.

[10] Vgl. Jes 62,8f.; Jer 31,5; Ez 28,26; Am 9,14; Sach 8,9–13.

[11] Zur apokalyptischen Deutung vgl. 2 Petr 3,13; Offb 21,1 sowie außerbiblisch äthHen 91,16; syrBar 32,6.

[12] Vgl. Jes 4,2; 29,17; 35,1f.; Jer 33,6f.; Joël 2,23.

[13] Bei Jes 44,28b handelt es sich um einen Zusatz.

[14] Jes 56,7; 62,8f.; 60,20f. und in Jes 60 die Zusätze V. 7b.9b.13b.

[15] »König« Jer 23,5; Ez 37,24; »Herrscher« Mi 5,1; »Sproß« Jer 23,5; 33,15; Sach 3,8; 6,12; »David« Jer 30,9; Ez 34,23f.; 37,24f.; Hos 3,5; »Knecht Jahwes« Ez 34,23f.; 37,24; Hag 2,23; Sach 3,8.

[16] Vgl. z.B. die Aufnahme von Ps 2 in PsSal 17,32.

[17] Der masoretische Text lautet: »und ihm wird geholfen«, »er ist hilfsbedürftig«; die schon von den antiken Übersetzungen bezeugte Variante »er hilft« o.ä. ist als Angleichung an traditionelle Heilsherrschervorstellungen zu verstehen.

[18] Vgl. schon 1 Chr 28,5 und auch 1 Chr 29,23; 2 Chr 9,8.

[19] In Personennamen eigentlich »Jahwe verschafft Recht«.

[20] Vgl. Jes 14,2; 23,18; 61,5f.

[21] Jes 52,1 (vgl. Joël 4,17) klingt auf den ersten Blick ähnlich, meint jedoch etwas ganz anderes. Hier geht es nicht um die Frage der Zulassung Fremder, sondern darum, daß Jerusalem nie wieder von Feinden erobert werden wird.

[22] Vgl. Jes 42,10–12; 45,6.22; 52,10.15; 55,5.

[23] In EÜ ist die Verbindung wegen der unterschiedlichen Wiedergabe derselben Wendung nicht zu erkennen.

[24] Zur Wallfahrt der Völker vgl. besonders Jes 11,10; Jer 3,17; 16,19–21; Sach 8,20–22.23; 14,16; Tob 13,13.

[25] Kultzentralisation (Dtn 12) und Mazzebenverbot (Dtn 16,22) scheinen hier keine Rolle zu spielen.

[26] Zur Einbeziehung und Bekehrung der Völker vgl. Jes 25,6; 42,4.6; 45,22–25; 49,6; 51,4–6; 55,5; Jer 12,14–17; Zef 3,9; Sach 2,15; 9,7.

[27] Vgl. auch Ps 102,16.23.

[28] In den Fremdvölkersprüchen des Jeremiabuchs wird mehrfach ein Gericht angekündigt, und dann eine Heilszeit bzw. eine Restitution nach dem Gericht verheißen; Jer 46,26; 48,47; 49,6.39.

[29] Vgl. Ez 29,1ff.; dort zielt die Vernichtung Ägyptens darauf, daß Ägypten Jahwe anerkennt.

[30] Vgl. das sumerische Gedicht »Enmerkar und der Herr von Aratta« (W. W. Hallo, The Context of Scripture I, Leiden u.a. 1997, 547ff., Zeile 135ff.) sowie die Erzählung »Enki und Ninchursag« (TUAT III 363ff., 366).

[31] Vgl. die bedingte Verheißung in Lev 26,6.

[32] Vgl. Jes 33,24; 43,25; Jer 33,8; 50,20; Ez 36,25.29; 37,23; Zeph 3,15.

[33] Vgl. Jer 32,40; Jes 59,21; Ez 16,59ff.; 37,26; mit anderem Bezug Jes 55,3.
[34] Vgl. Jes 32,15f.; 44,3; 51,7; Jer 24,7; 31,33; 32,39; Ps 37,31; 119,34.
[35] Vgl. Ps 115,17; Jes 38,18f.; Ps 6,6; 30,10.
[36] Vgl. Ps 22,30; 139,8; Ijob 26,6; Spr 15,11.

Neues Testament

[1] Exemplarisch etwa in Lk 13,1–5; 12,16b–20; 16,1–8a. Zur Warnung vor dem Gericht vgl. außerdem Mt 7,1f.; 8,11f.; 11,21–24; 12,41f.; 13,24–30; zur Umkehrforderung Mk 1,15b; 9,43–48; Lk 13,6–9; 16,19–31.

[2] »Evangelium Gottes«: Röm 1,1; 15,16; 2 Kor 11,7; 1 Thess 2,2; »erfüllte Zeit«: Gal 4,4; Eph 1,10; »Glaube an das Evangelium«: Phil 1,27.

[3] Die Parallele Mt 12,28 (»im Geist Gottes«) ist stärker urkirchlich geformt.

[4] Vgl. auch die Bildworte von den Hochzeitsgästen, die nicht fasten können, wenn der Bräutigam bei ihnen ist (Mk 2,19), und von den alten Schläuchen, in die man keinen neuen Wein füllt (Mk 2,22 par.), die Seligpreisung der Augen- und Ohrenzeugen (Lk 10,23f.par.), die Antwort auf die Täuferanfrage (Mt 11,4–6) sowie das Wort über den Täufer (Mt 11,11 par.). In all diesen Logien wird deutlich, daß das Alte abgelöst und in der Erfahrung der Gegenwart die Zukunft schon eingeholt ist.

[5] Dasselbe zeigt Jesu souveräner Umgang mit dem Gesetz: Er führt es auf Gottes ursprünglichen Willen zurück (Mk 2,27 u.ö.), konzentriert es in der Gottes- und Nächstenliebe (Mk 12,28–31), ja radikalisiert es in der Feindesliebe, weil er den Schöpfer zum Maß menschlichen Verhaltens macht (Mt 5,44f.).

[6] Die Formulierung lehnt sich an Jes 14,12 (Spottlied auf den König von Babel) an und hat in apokalyptischen Erwartungen von der Entmachtung Satans (z.B. AssMos 10,1) bzw. Belials (1 QM 15,13–18) ihre Entsprechung.

[7] Neben dem Jerusalem-Wort Lk 13,34f. und dem Spruch Lk 19,42–44 ist das Logion Mt 8,11f.par. dafür ein gutes Beispiel. Das Wort wurde von Mt israelkritisch zugespitzt und von Lk bei der Kontextuierung wohl überarbeitet.

[8] Die älteste Form des Osterbekenntnisses ist umstritten. Neben eingliedrigen »theologischen« Aussagen (etwa Röm 4,24b; 8,11; 10,9b; 2 Kor 4,4; Gal 1,1; Eph 1,20; Kol 2,12; 1 Petr 1,21; Apg 2,32; vgl. 1 Thess 1,10) finden sich »christologische« Formulierungen eingliedriger (z.B. Röm 6,4; Mk 16,6; Mt 28,7) und zweigliedriger Art (etwa »Jesus starb und stand auf« 1 Thess 4,14; vgl. Röm 4,25; 14,9; 2 Kor 5,15b; 1 Petr 3,18), Varianten und Entfaltungen der zweigliedrigen Formel (Lk 24,34; Röm 8,34; 1 Kor 15,3–5; vgl. die »Kontrastformel« Apg 2,23f.; 10,39f.; 13,29f.) sowie vielgliedrige Lieder oder Hymnen (z.B. Phil 2,6–11; Kol 1,15–20; 1 Tim 3,16). Jedenfalls wird eine Entwicklung von einfacheren zu komplexeren Aussagen deutlich.

[9] Vgl. Ps 115,15; Jes 45,7; Dan 9,15 etc.; sodann Ex 16,6; Hos 13,4 etc.; schließlich 2. Benediktion des Achtzehngebetes; vgl. Röm 4,17; 2 Kor 1,9.

[10] Auch die späteren Passions- und Ostererzählungen zeigen die eschatologische Bedeutung von Jesu Tod und Auferstehung an: vgl. die »vorauslaufende Totenerweckung« Mt 27,52f. (vgl. Ez 37,12f.), das durch die Aktion des Engels verursachte Erdbeben (Mt 28,2), den weggewälzten Stein, den Hinweis auf das Auferstehen- und Nicht-mehr-im-Bereich-des-Todes-Sein des Gekreuzigten sowie die entsetzte Flucht vom Grab (Mk 16,4.6.8). All das macht deutlich, daß von Gott her die Endzeit eröffnet und der Auferstandene in eine überragende Position eingesetzt ist (vgl. Mt 28,18; Apg 10,42f.).

[11] Konnex Ostern – Geist: Lk 24,49; Apg 1,8; Joh 20,22. Gemeinde – Geist bei Paulus: 1 Kor 1,5–7; 11,4f.; 12–14; Gal 3,1–5; 1 Thess 4,8f. Weitere Geisterfahrungen: Apg 2; 2 Kor 12; Röm 15,18f.; Gal 2,8 u.ö.

[12] Vgl. Jub 1,23; TestLevi 18,11; TestJud 24,2; 1 QS 4,20-22; 4 Esra 6,26.

[13] Vgl. etwa 1 QH 3,19–22; 11,10–14; 15,14–17 u.ö.

[14] Dabei ergeht durch Prophetenmund die Heilsansage des himmlischen Herrn »Siehe, ich komme bald« (Offb 22,7.12), worauf die Gemeinde mit dem Maranatha-Ruf antwortet (22,20b; vgl. V.17).

[15] Vgl. die frühen Traditionen 1 Thess 3,13; 4,16f.; 5,2f. (vgl. 1,10; Phil 3,20: »erwarten«) und die Weiterbildung etwa in Mk 13,24–27; Mt 25,31; Offb 1,7f.

[16] Vorpaulinisch sind etwa 1 Kor 11,26; 16,22; 1 Thess 1,10; Phil 3,20.

[17] Erst im 2. Jh. bürgert sich die Rede vom »zweiten Advent« ein: vgl. Justin, Apol I,52,3; ansatzweise schon Hebr 9,28.

[18] Vgl. 1 Thess 2,19; 3,13; 4,15; 5,23 sowie Mt 24,3.27.37.39; 2 Thess 2,1.8; Jak 5,7f.; 2 Petr 1,16; 3,4; 1 Joh 2,28.

[19] Jesuanisch ist aber Mk 14,25: »... bis zu jenem Tag, an dem ich von neuem ...«

[20] »Tag des Herrn«: 1 Kor 1,8; 5,5; 2 Kor 1,14; 1 Thess 5,2; 2 Thess 2,2; »Tag (unseres Herrn Jesu) Christi": Phil 1,6.10; 2,16; »der Tag«: 1 Kor 3,13; 1 Thess 5,4 (vgl. Röm 2,16; Hebr 10,25; 2 Petr 1,19). – Theozentrisch ist »Tag des Herrn/Gottes« in 2 Petr 3,10.12; ähnlich »Tag des Zornes« (Röm 2,5; vgl. Offb 6,16f.), »Tag des Gerichts« (2 Petr 2,9; 3,7; 1 Joh 4,17; vgl. Jud 6), »schlimmer Tag« (Eph 6,13), »Tag der Heimsuchung« (1 Petr 2,12). – Selten wird die Heilsseite mit »Tag der Rettung« (2 Kor 6,2) bzw. »Tag der Erlösung« (Eph 4,30) benannt. Das JohEv spricht meist redaktionell vom »letzten/jüngsten Tag« (Joh 6,39.40.44.54; 11,24; 12,48).

[21] Die Vorstellung in äthHen 46,1–6; 62,7–16, die den »Menschensohn« von Dan 7,13f. als von Gott erhöhte und eingesetzte Herrscher- und Richtergestalt deutet, könnte diese urchristliche Überzeugung gefördert haben.

[22] Mk 13,26 nennt nur seine »große Macht und Herrlichkeit«; vgl. Mt 25,31.

[23] Vgl. die teilweisen Übereinstimmungen mit Hebr 6,1f.; Apg 14,15–17; 17,29–31, aber auch die Bekehrungsterminologie in JosAs 54,5–10.

[24] Zum »Erzengel« vgl. etwa grHen 20,8; 4 Esra 4,36; Jud 9; zur »Posaune Gottes« etwa Jes 27,13; Joël 2,1; Zef 1,16; Sach 9,14; 4 Esra 6,23; ApkMos 22; 1 Kor 15,52 (!); Mt 24,31; Offb 8,2ff.; zum Herabsteigen vom Himmel Dan 7,13; Mk 13,26 par.; 14,62 par.; zur Auferstehung der Toten Dan 12,2f.; Jes 26,19; Ez 37,1–14; äthHen 51,1; syrBar 50,1–51,14. Hinweggerissen-Werden ist üblicher Ausdruck für eine Entrückung (2 Kor 12,2.4; Apg 8,39; Offb 12,5). Die Wolken sind Theophaniemotiv (Ex 19,9.16; 34,5; Ps 18,12; 97,2; Jes 19,1; Zef 1,15; Joël 2,2; 2 Makk 2,8; Mk 9,7 par. u.ö.); von Dan 7,13 her ist das Kommen des Menschensohnes mit Wolken verbunden (4 Esra 13,3; Mk 13,26 par.; 14,62 par.; Offb 1,7; 14,14–16 etc.).

[25] Vgl. etwa Gal 2,19; Röm 6,4–6; 8,17b.

[26] Vgl. die geprägte Wendung vom »Erben des Reiches« in 1 Kor 6,9; Gal 5,21; Mt 25,34; ähnlich Joh 3,3.5. Nahe stehen die synoptischen Wiedergaben einzelner Jesusworte mit »ewiges Leben erben« (etwa Mk 10,17 par.; Lk 10,25) sowie die Neuinterpretation der Botschaft Jesu in Joh 10,10.

[27] Die Textüberlieferung gleicht den Satz schon früh der »Normaleschatologie« an bzw. moralisiert: »wir werden alle entschlafen, nicht aber alle verwandelt werden«; »wir werden nicht alle entschlafen, aber auch nicht alle verwandelt werden"; »wir werden alle auferstehen, nicht alle aber verwandelt werden".

[28] Vgl. 2 Kor 5,1–8 und die »individuelle Eschatologie« Lk 23,43; Hebr 9,27.

[29] Vgl. etwa Röm 1,4; 8,34; Phil 2,9–11; Apg 2,36 u.ö.

[30] Zwischenreich von 400 oder 1000 Jahren: 4 Esra 7,28; Offb 20,4f.

[31] Zur Personifikation vgl. Jes 25,8; Röm 5,12; 1 Kor 15,54f.; Offb 6,8; 21,8.

[32] Die Rede wurde von Lk wie Mt überformt, mit Mk-Tradition ergänzt (etwa in Lk 17,23.25.31) und von Mt aus dem Q-Kontext in die Mk 13 entsprechende letzte Rede Jesu transponiert.

[33] Das zweite Gleichnis fehlt zwar bei Mt, doch dürfte es zu Q gehört haben.

[34] Mt 24,40 ändert das erste Beispiel in »zwei [Männer] auf dem Feld« ab.

[35] Mt und Lk haben die Mk-Vorlage je auf ihre Weise redigiert und dabei stärker die Erfahrungen weltweiter Mission eingebracht (Mt 24,9.14.30), die Kritik an kirchlicher Praxis verstärkt (Mt 24,11.23f.; vgl. 25,31–46), die Parusieverzögerung zu bewältigen gesucht (»jener [ferner gerückte] Tag«, Lk 21,34f.) und die Zeichen des Endes z.T. schon auf das Zorngericht Gottes über Jerusalem umgedeutet (Lk 21,7b.20–24).

[36] Vgl. Jes 13,10; 34,4 LXX; Joël 2,10; 3,4; 4,15; äthHen 102,2.

[37] Vgl. etwa 1 Thess 4,17; Phil 1,21.23; Lk 23,43; Offb 20,4.

[38] Weitere Parusie- und Gerichtsbilder finden sich etwa in den (nachösterlichen) Terminworten Mk 9,1; 13,30; Mt 10,23, in den Wachsamkeitsgleichnissen Mt 24,45-51 par.; 25,1–13; 25,14–30 par.; Mk 13,33-37 par., in den Allegoresen Mt 13,36–43.49f. sowie im Logion Mt 19,28 par., das eine Beteiligung der »Zwölf« am Gericht des Menschensohnes kennt. Keiner dieser Texte spricht aber von einer dem Gericht vorausgehenden Auferstehung.

39 »Geist« meint eine prophetische Aussage, »Wort« eine Einzelverkündigung, die sich wohl auf ein Pauluswort beruft, und »Brief«, je nach Verständnis von »wie von uns«, einen gefälschten Paulusbrief oder eine briefliche Äußerung, die Paulus tatsächlich gemacht hat, die aber fehlgedeutet wird. Im letzten Fall wird an 1 Thess, v.a. die Naherwartungsaussagen 4,15–17, gedacht sein.

40 Zum historischen Haftpunkt: 1 Makk 2,15; 2 Makk 5,11; Dan 9,26f.; 11,31–39; zur Vorstellung selbst: Jub 23,11–21; 4 Esra 5,1–12; äthHen 91,5–7; 93,9; Mt 24,6–12; 1 Tim 4,1f.; 2 Tim 3,1–5; Hebr 3,12; Jud 17–19; 2 Petr 3,3f.

41 Vgl. Jes 14,4–21; Ez 28,1–10; Dan 9,26f.; 11,21–45 etc.

42 Vgl. schon Jes 13,22; Ez 12,21–28; Hab 2,2f.; 1 QpHab 7,1–14a.

43 Der Ausdruck findet sich nur in 1 Joh 2,18f.22; 4,3; 2 Joh 7.

44 Vgl. 1 Clem 23,3: »Unglückselig sind die Zweifler, die geteilten Herzens sind, die sagen: Dies hörten wir auch zur Zeit unserer Väter, und siehe, wir sind alt geworden und nichts davon ist uns widerfahren« (vgl. 2 Clem 11,2).

45 Vgl. etwa Ps 42,4.11; 79,10; 115,2; Jer 17,15; Ez 12,22; Mal 2,17.

46 Andere Deutung (unter Bezug auf Ps 24,2; 136,6): »durch (die Säulen des) Wasser(s)«, durch welche die Erde als Scheibe feststeht.

47 Dtn 32,22; Jes 33,11; 66,15f.; Joël 2,3; Zef 1,18; 3,8; Sach 12,6; Mal 3,2.19.

48 Vgl. Plato, Tim 22c. Die Sintflut ist auch in VitAdEv 49,2 Vorausbild des endzeitlichen Weltenbrandes; in Lk 17,26f. par. wird sie mit dem Gericht durch den Menschensohn verglichen.

49 Vgl. etwa Ex 34,6; Ps 103,8; syrBar 21,20f.

50 Die Schwierigkeit des Wortlauts zeigt sich in Textvarianten, Konjekturen und unterschiedlichsten Deutungsversuchen.

51 Vgl. etwa Sanh 98a; BB 10a; Joma 86b; Schab 118b; TestDan 6,4; AssMos 1,18; Apg 3,19f.; 2 Clem 12,6.

52 Etwa äthHen 91,16; ApkEl 43,13f.; TgPs 102,27; vgl. Jub 1,29.

53 Es ist die Zeit Domitians und des forcierten Kaiserkults. Der Verfasser reagiert aber nicht so sehr auf eine schon im Gang befindliche Christenverfolgung, sondern prognostiziert aufgrund einzelner Übergriffe sowie offenkundiger Tendenzen eine unmittelbar bevorstehende allgemeine Bedrängnis.

54 Offb 4,8.11; 5,9–13; 7,10–12; 11,15–18; 12,10–12; 14,3; 15,3f.; 16,5–7; 18,19f.; 19,1–8.

55 Offb 6,12–7,17; 11,15–19; 16,17–21; 18,1–24.

56 Vgl. etwa Hebr 6,2; 9,27; anders Mt 25,31–46 u.ö.

57 Die verbreitete Meinung, das allgemeine Weltgericht habe in Offb nur verdammende Funktion, trifft wohl nicht zu.

58 Ähnlich äthHen 91,11–17; 93,1–10; syrBar 40,3; 4 Esra 7,28–43.

59 Zur Auferstehung nur der Gerechten vgl. Ez 37,9; 2 Makk 7,9.14; PsSal 3,12; äthHen 91,10; 92,3; TestJud 25,3–5; zur allgemeinen Totenauferstehung: Dan 12,2; äthHen 51,1f.; 4 Esra 7,32ff.; zur Verbindung: syrBar 30; 50f.

60 In diesem Sinn ist die öfter vorgeschlagene Identifikation von »neuem Jerusalem« und vollendeter Heilsgemeinde zu modifizieren, trotz der »Nahezu-Identifikation« mit der »Frau, der Braut des Lammes« Offb 21,9f.

61 Schon in Jes 60–66; Ez 40–48 ist Jerusalem Symbol für das von Gott vollendete Israel. Nach 70 n. Chr. bildete sich die apokalyptische Hoffnung aus, daß das im Himmel präexistente neue Jerusalem auf die Erde herabsteigen und den Platz der zerstörten irdischen Stadt einnehmen werde (vgl. etwa äthHen 53,6; 90,28f.; 4 Esra 7,26; 10,26f.44–57), damit sich in ihr die Vollendung ereigne.

62 Etwa Lev 26,11f.; Ez 37,26–28; Sach 2,14f.

63 Vgl. die »Überwindersprüche« Offb 2,7.11.17.26–28; 3,5.12.21.

64 Die vorausgesetzte Solidargemeinschaft zwischen Mensch und Schöpfung hat Umdeutungen veranlaßt: Zum einen wurde »Schöpfung« hier anders interpretiert (außerchristliche Menschheit, Menschheit schlechthin, Engel- und Geisterwelt etc.). Zum anderen wurde gesagt, es gehe Paulus bloß um das anthropologisch-paränetische Anliegen, das Leiden der Glaubenden bewältigen zu helfen; das »Kosmologische« schleppe er nur in Übernahme apokalyptischer Tradition mit. Der Text will (vgl. den Kontext) tatsächlich die Leiden der Glaubenden durch den Erweis der verbürgten Herrlichkeit bewältigen helfen. Damit ist aber nicht schon seine ganze Aussage erfaßt.

65 Vgl. auch 4 Esra 7,11f; GenR 12[8d]; bSanh 8a; Jub 3,25.

66 Dafür spricht neben der Grammatik, daß Adams Sünde wohl als Grund für das Unterworfenwerden, er selbst aber nicht als »Unterwerfender« gelten kann.

67 Nach atl.-jüdischen Hoffnungen wird die Endzeit der Urzeit entsprechen und das Kommen des Messias sowohl die Erde in ihrer Fruchtbarkeit erneuern als auch den Existenzkampf unter den Tieren beenden: vgl. etwa Jes 11,6–9; 30,23–26; 65,17.25; Jub 1,29; äthHen 91,16f.; 4 Esra 13,26; Philo, Praem 88–90; TestLevi 18,10f.; Sib 3,785–795.

68 Die »Wehen der Endzeit« (vgl. Jes 26,17f.; 66,7f.; Jer 22,23; Hos 13,13; Mi 4,9f.; 1 QH 3,7–18; 4 Esra 10,7f.; äthHen 62,4; Mk 13,7–8 par.) mögen dabei anklingen, doch verweist das Bild eher im ursprünglichen Sinn (vgl. Jes 13,8; 21,3; Jer 4,31; Joh 16,21) darauf, daß die Schöpfung sich wie eine Gebärende in notvoller Angst windet, um endlich ihre Vollendung zu erlangen.

69 Stärker ekklesiologisch sagen ähnliches Kol 1,18.20; Eph 1,10.23; 2,14–16.

70 Vgl. weiters Röm 5,9f.; 6,3–8; 10,9; 2 Kor 4,14; 13,4.

71 Vgl. Röm 5,5b; 8,23; 2 Kor 1,21f.; 5,5; Gal 5,25 u.ö.

72 Das richtet sich, wie »nicht von Händen gemacht« anzeigen mag, vielleicht gegen einen von den kolossischen Häretikern geforderten Initiationsritus.

73 Daß das Essen des Lebensbrotes, d.h. das Glauben an Jesus, wesentlich eine Orientierung an und ein Bleiben in seinen »Worten« bedeutet, sagt Joh 6,63. Nach 14,26 hält der Geist-Paraklet das Wort des Sohnes für die nachösterliche Gemeinde dauerhaft gegenwärtig.

74 Auch das »Ich bin"-Wort vom Licht Joh 8,12 läßt neben dem Gegenwartsaspekt (vgl. 9,5; 12,35f.) die Zukunft mitanklingen. Stark präsentisch spricht hingegen 9,39 vom Gericht, das bereits mit Jesu Kommen erfolgt ist.

75 »Tag des Gerichts« 1 Joh 4,17 (vgl. 2,28b); »letzte Stunde« 2,18 (vgl. 2,22; 4,3; 2 Joh 7); »Offenbarung« bei der Parusie 2,28 (vgl. 3,2).

76 Vgl. Joh 14,21.23f.; 15,10; 16,26f.; 17,26; 1 Joh 4,7–11.

77 Anders die »Ruhe« als erst künftige Vollendung in JosAs 8,9; 22,13.

Literaturverzeichnis

(außer Kommentaren und Beiträgen in Wörterbüchern bzw. Lexika)

Altes Testament

Barthel, J., Prophetenwort und Geschichte (FAT 19), Tübingen 1997

Beyerle, S., Die Wiederentdeckung der Apokalyptik in den Schriften Altisraels und des Frühjudentums, VF 43 (1998), 34–59

Deissler, A. Was wird am Ende der Tage geschehen? Biblische Visionen der Zukunft, Freiburg u.a. 1991

Ebach, J., Ende des Feindes oder Ende der Feindschaft. Der Tierfrieden bei Jesaja und Vergil, in: ders., Ursprung und Ziel. Erinnerte Zukunft und erhoffte Vergangenheit, Neukirchen-Vluyn 1986, 75–89

Gowan, D. E., Eschatology in the Old Testament, Philadelphia 1986

Groß, W., YHWH und die Religionen der Nicht-Israeliten, ThQ 169 (1989), 34–44

Hermisson, H.-J., Studien zu Prophetie und Weisheit (FAT 23), Tübingen 1998

Herrmann, S., Die prophetischen Heilserwartungen im Alten Testament (BWANT 85), Stuttgart 1965

Koch, K., Vor der Wende der Zeiten. Gesammelte Aufsätze Bd. 3, Neukirchen-Vluyn 1996

Koenen, K., Ethik und Eschatologie im Tritojesajabuch (WMANT 62), Neukirchen-Vluyn 1990

–, Heil den Gerechten – Unheil den Sündern! Ein Beitrag zur Theologie der Prophetenbücher (BZAW 229), Berlin – New York 1994

Lutz, H.-M., Jahwe, Jerusalem und die Völker. Zur Vorgeschichte von Sach 12, 1–8 und 14,1–5 (WMANT 27), Neukirchen-Vluyn 1968

Preuß, H. D., Eschatologie im Alten Testament (WdF 480), Darmstadt 1978

Reventlow, H. Graf (Hg.), Eschatology in the Bible and in Jewish and Christian Tradition (JSOT.S 243), Sheffield 1997

Schmidt, W. H., Aspekte der Eschatologie im Alten Testament, JBTh 8 (1993), 3–23; auch in: ders., Vielfalt und Einheit alttestamentlichen Glaubens 2, Neukirchen-Vluyn 1995, 233–253

Schmidt, W. H. – Becker, J., Zukunft und Hoffnung (BiKon), Stuttgart u.a. 1981

Seebass, H., Herrscherverheißungen im Alten Testament (BThSt 19), Neukirchen-Vluyn 1992

Neues Testament

Becker, J., Auferstehung der Toten im Urchristentum (SBS 82), Stuttgart 1976

Becker, J., Zukunft und Hoffnung im Neuen Testament, in: W. H. Schmidt/J. Becker, Zukunft und Hoffnung (BiKon/KTB 1014), Stuttgart 1981, 92–184

Ernst, J., Johannes der Täufer. Interpretation – Geschichte – Wirkungsgeschichte (BZNW 53), Berlin 1989

Gnilka, J., Jesus von Nazaret. Botschaft und Geschichte (HThK.S 3), Freiburg ³1994

Kessler, H., Sucht den Lebenden nicht bei den Toten. Die Auferstehung Jesu Christi in biblischer, fundamentaltheologischer und systematischer Sicht, Düsseldorf 1995

Klauck, H.-J. (Hg.), Weltgericht und Weltvollendung. Zukunftsbilder im Neuen Testament (QD 150), Freiburg 1994

Kremer, J., Auferstehung der Toten in bibeltheologischer Sicht, in: G. Greshake/J. Kremer, Resurrectio Mortuorum. Zum theologischen Verständnis der leiblichen Auferstehung, Darmstadt 1986, 5–161

Kremer, J., Parusie und Weltgericht. Zu den vielfältigen und bildhaften Zukunftsaussagen der Bibel, in: StZ 216 (1998) 477–492

Kühschelm, R., Das sehnsüchtige Harren der Schöpfung. Exegetische und bibeltheologische

Erwägungen zu Röm 8,18–22, in: Variationen zur Schöpfung der Welt (FS R. Schulte),' Innsbruck 1995, 251–284

März, C.-P., Hoffnung auf Leben. Die biblische Botschaft von der Auferstehung (Begegnung mit der Bibel), Stuttgart 1995

Merklein, H., Jesu Botschaft von der Gottesherrschaft. Eine Skizze (SBS 111), Stuttgart ³1989

Merklein, H., Paulinische Theologie in der Rezeption des Kolosser- und Epheserbriefes, in: ders., Studien zu Jesus und Paulus (WUNT 43), Tübingen 1987, 409–453

Reiser, M., Die Gerichtspredigt Jesu. Eine Untersuchung zur eschatologischen Verkündigung Jesu und ihrem frühjüdischen Hintergrund (NTA NF 23), Münster 1990

Roloff, J., Neuschöpfung in der Offenbarung des Johannes, in: JBTh 5 (1990) 119–138

Schrage, W., Das messianische Zwischenreich bei Paulus, in: Eschatologie und Schöpfung (FS E. Gräßer/BZNW 89), Berlin 1997, 343–354

Söding, T., Hoffnung für Lebende und Tote. Perspektiven paulinischer Eschatologie, in: Erinnern und Erkennen. Denkanstöße aus der Theologie von Johann Baptist Metz, Düsseldorf 1993, 38–49

Strobel, A., Untersuchungen zum eschatologischen Verzögerungsproblem auf Grund der spätjüdisch-urchristlichen Geschichte von Habakuk 2,2ff (NT.S 2), Leiden 1961

Theißen, G./Merz, A., Der historische Jesus. Ein Lehrbuch, Göttingen 1996

Vögtle, A., »Nichts wird sich tun, kein Gericht, kein Heil!« Eine Häresie nachapostolischer Zeit, in: ders./L. Oberlinner, Anpassung oder Widerspruch. Von der apostolischen zur nachapostolischen Kirche, Freiburg 1992, 115–140

Vögtle, A., Das Neue Testament und die Zukunft des Kosmos (KBANT), Düsseldorf 1970

Weder, H., Gegenwart und Gottesherrschaft. Überlegungen zum Zeitverständnis bei Jesus und im frühen Christentum (BThSt 20), Neukirchen-Vluyn 1993

Woschitz, K. M., Elpis – Hoffnung. Geschichte, Philosophie, Exegese, Theologie eines Schlüsselbegriffs, Wien 1979

127

Abkürzungsverzeichnis

Alttestamentliche Bücher

Gen	Genesis
Ex	Exodus
Lev	Levitikus
Num	Numeri
Dtn	Deuteronomium
Jos	Josua
Ri	Richter
Rut	Rut
1 Sam	1 Samuel
2 Sam	2 Samuel
1 Kön	1 Könige
2 Kön	2 Könige
1 Chr	1 Chronik
2 Chr	2 Chronik
Esra	Esra
Neh	Nehemia
Tob	Tobit
Jdt	Judit
Est	Ester
1 Makk	1 Makkabäer
2 Makk	2 Makkabäer
Ijob	Ijob
Ps	Psalmen
Spr	Sprichwörter
Koh	Kohelet
Hld	Hoheslied
Weish	Weisheit
Sir	Jesus Sirach
Jes	Jesaja
Jer	Jeremia
Klgl	Klagelieder
Bar	Baruch
Ez	Ezechiel
Dan	Daniel
Hos	Hosea
Joël	Joël
Am	Amos
Obd	Obadja
Jona	Jona
Mi	Micha
Nah	Nahum
Hab	Habakuk
Zef	Zefanja
Hag	Haggai
Sach	Sacharja
Mal	Maleachi

Neutestamentliche Bücher

Mt	Matthäus
Mk	Markus
Lk	Lukas
Joh	Johannes
Apg	Apostelgeschichte
Röm	Römerbrief
1 Kor	1. Korintherbrief
2 Kor	2. Korintherbrief
Gal	Galaterbrief
Eph	Epheserbrief
Phil	Philipperbrief
Kol	Kolosserbrief
1 Thess	1. Thessalonicherbrief
2 Thess	2. Thessalonicherbrief
1 Tim	1. Timotheusbrief
2 Tim	2. Timotheusbrief
Tit	Titusbrief
Phlm	Philemonbrief
Hebr	Hebräerbrief
Jak	Jakobusbrief
1 Petr	1. Petrusbrief
2 Petr	2. Petrusbrief
1 Joh	1. Johannesbrief
2 Joh	2. Johannesbrief
3 Joh	3. Johannesbrief
Jud	Judasbrief
Offb	Offenbarung des Johannes

Sonstige Abkürzungen

Ant	=	Antiquitates des Flavius Josephus
ApkEl	=	Elija-Apokalypse
ApkMos	=	Mose-Apokalypse
Apol	=	Apologie des Justin
AssMos	=	Assumptio Mosis
syrBar	=	syrische Baruch-Apokalypse
BB	=	Baba Batra
1/2 Clem	=	1./2. Clemensbrief
Did	=	Didache
4 Esra	=	4. Esrabuch
EÜ	=	Einheitsübersetzung
GenR	=	Genesis Rabba
äthHen	=	äthiopisches Henochbuch
grHen	=	griechisches Henochbuch
JosAs	=	Josef und Asenat
Jub	=	Jubiläenbuch
Praem	=	De praemiis et poenis des Philo

PsSal	=	Psalmen Salomos
1 QH	=	Loblieder aus der 1. Höhle von Qumran
1 QM	=	Kriegsregel aus der 1. Höhle von Qumran
1 QpHab	=	Habakuk-Pescher aus der 1. Höhle von Qumran
1 QS	=	Gemeinderegel/ Sektenregel aus der 1. Höhle von Qumran
Sanh	=	Sanhedrin
Schab	=	Schabbat
Sib	=	Sibyllinen
Test Dan	=	Testament des Dan
Test Jud	=	Testament des Juda
Test Levi	=	Testament des Levi
TgPs	=	Targum zu den Psalmen
Tim	=	Timaios des Plato
TUAT	=	Texte zur Umwelt des Alten Testaments
VitAd	=	Leben Adams und Evas